egoth
egon theiner verlag

1. Auflage

egoth ı egon theiner verlag
1070 Wien ı Kaiserstraße 14/7
www.egoth.at

ISBN: 978-3-902480-53-8

Umschlaggestaltung & Satz
www.fortuna-muenchen.com

Lektorat
Doris Schwarzer

Druck
Holzhausen Druck & Medien GmbH

Gesamtherstellung
egoth ı egon theiner verlag

DAS PERFEKTE FUSSBALLTRAINING

PAUL GLÜCK

DIE 100 BESTEN REZEPTE FÜR AMATEURTRAINER

egoth | egon theiner verlag

Dieses Buch ist meinem verstorbenen Bruder Johann Glück gewidmet.
Er war ein talentierter Fußballprofi und mir ein guter Bruder.
Wir hätten noch einige Zeit miteinander gebraucht, leider riss
ihn eine tückische Krankheit viel zu früh aus dem Leben.
Ich werde Dich nie vergessen.

UNION
Unser Fußball-Programm
Preis: 0,10 MDN Nr. 14 1966/
SPIEL
8. Juli 1967
Katowice –
Union Berlin
Union/Oberliga
Trainer Nikiel, Piecyk,
Strzelczyk, Zuzok
1968-69
76
GKS KATOWICE
Donnerstag, 12. August 1999 FFB
1949/5
10
„Wenn ich das Gefühl habe, ich kann der Mannschaft etwas geben, dann komme ich auch auf Krücken zum Training", versichert Paul Glück.
Foto: Johannes Simon
Der unabsteigbare Trainer
Paul Glück bewahrt derzeit den TSV Türkenfeld zuverlässig vor dem Niedergang
Bevor der gebürtige Pole Paul Glück nach Türkenfeld kam, hinterließ er seine Spuren als Trainer auch beim FC Aich, beim SC Maisach und beim Bezirksligisten FC
wo er bessere Chancen für sich und seine Familie sah. Drei Jahre später war die Familie in Fürstenfeldbruck wieder vereint und freute sich über einen Vater, der in Fußballerkreisen schon von sich reden machte. Zu seinem Leidwesen

INHALT

IM NAMEN DES BUCHES

Jeder, der mich kennt, weiß, dass ich kein Mann großer und vieler Worte bin. Deshalb war es für mich eine besondere Herausforderung dieses Buch zu schreiben und das Wissen, welches ich über Jahre hinweg gesammelt habe, von den ersten Anfängen als Schuljunge auf dem Bolzplatz, als Profifußballer und als Trainer für Jugendfußballmannschaften, weiterzugeben. Als die Idee im Familienkreis entstand, war mein Enthusiasmus für das Buch sofort geweckt. Ich konnte es kaum erwarten damit zu starten, und ich selbst war überrascht, als ich merkte, wieviel Wissen sich in den letzten Jahren angesammelt hat und darauf gewartet zu haben schien, endlich niedergeschrieben zu werden. Mir war von Anfang an klar, dass ich kein abstraktes Lehrbuch erschaffen wollte. Es sollte ein Art Kochbuch für Hobby- und Amateurtrainer werden, mit den besten Rezepten, um ein gelungenes Training zusammenzustellen. Meine jahrelang gesammelten Erfahrungen durch die Arbeit mit Fußballern, Trainern, Jugendleitern und Verantwortlichen aus dem Profi- und Amateurbereich auf diesem Gebiet sollten helfen, einen einfachen Einstieg in alle Bereiche eines guten Fußballtrainings zu finden.

Alle, die sofort mit dem Training beginnen wollen, können die nächsten Seiten getrost überspringen. Ich kenne das Gefühl nur zu gut. Mich konnte auch nie etwas halten, ich musste immer sofort auf den Platz – das typische Verhalten eines „Fußball-Verrückten". Für alle Interessierten beherbergen die nächsten Seiten ein paar wichtige Worte zum Geschehen über den Platz hinaus. Der Fußball ist nicht nur ein beliebter und einfacher Sport, sondern auch eine Philosophie mit einem Kosmos an wertvollen Gefühlen und Menschen.

Ich wünsche allen Lesern viel Spaß beim Lernen, Lehren und Trainieren. Ich hoffe mit diesem Buch einen wichtigen Beitrag leisten zu können die Begeisterung für den Sport zu stärken, der mein gesamtes Leben bis zum heutigen Tag geprägt hat.

Paul Glück

IM NAMEN DES BALLES

Fußball ist eine außergewöhnliche Sache. Wie kaum eine andere Sportart verbindet und fördert er wichtige zwischenmenschliche und soziale Aspekte auf breiter Ebene – egal ob im Junioren-, Senioren-, Amateur- oder Profibereich. Die herausragenden positiven Aspekte dieser Sportart sind Teamgeist, Toleranz und Fairplay. Der Sport im Verein schafft Freundschaften und Verantwortungsbewusstsein den Mitspielern, wie auch den Gegnern gegenüber. Er leistet einen wichtigen Beitrag zur Persönlichkeitsbildung, und das schon in den frühesten Jahren. Fußball erzeugt einen gesunden Wettbewerb, stärkt die eigene Gesundheit und fördert das Selbstbewusstsein.
Mit diesem Ratgeber möchte ich meine Erfahrungen an alle weitergeben, die den Sport genauso sehr schätzen und lieben wie ich, und möchte, darüber hinaus, ein Verständnis für den Fußball vermitteln, um so auch ungeübten Anfängern einen Startschuss für das perfekte Fußballtraining zu geben.
Bei der Zusammenstellung der Technik- und Praxisübungen in diesem Buch bin ich mit äußerster Akribie vorgegangen, um dabei einen gelungenen Mix der Trainingsmöglichkeiten abzubilden, die dieser Sport bietet. Hier sollte sich ein Trainer vor Beginn die folgenden Fragen stellen: Welche Verbesserungen strebt man im Trainieren von Mannschaften an? Welche Veränderungen müssen erfolgen, um bestimmte Ziele wie Konditionssteigerung, Verbesserung der Technik, besseres Zusammenspiel, Umgang mit dem Ball, Teamwork, taktisches Verhalten usw. zu erreichen? Welcher Trainingsmix ist der beste für mein Team?
Das Trainingsverhalten muss den jeweiligen Altersgruppen und Fähigkeiten der Spieler angepasst werden. Die Dosierung des Trainings muss auf das Zumutbare und Leistbare angepasst werden. Gerade bei den kleinsten Kickern muss das Training die rasante körperliche Entwicklung der Kinder, wie auch deren begrenztes Maß an Belastbarkeit berücksichtigen. Es ist verantwortungslos, den jungen Fußballnach-

wuchs über den Platz zu jagen, um die Kondition zu steigern, anstatt den sportlichen Wettkampf und die Kunst im Umgang mit dem Ball zu fördern. Die richtige Ballannahme, das Passspiel und Dribbling sind einfache Grundlagen, die sich schnell mit speziellen Übungen erlernen lassen. Hierbei gilt es die Übungen in diesen Bereichen in mehreren Trainingseinheiten zu wiederholen. Für die jungen Fußballer sollten Begriffe wie „Tabellenplatzierung" oder „Meistertitel" nicht im Vordergrund stehen, vielmehr sollten ihnen Technik und Taktik im Fußballsport vermittelt werden. Das Einführen von gut ausgebildeten Fußballern in eine professionelle Mannschaft sollte das mittel- bis langfristige Ziel eines jeden Amateurtrainers sein. Um diese Reife bei den jungen Kickern zu erreichen, müssen die Trainingsinhalte ständig systematisch verbessert werden. Hier ist es Aufgabe des Trainers, mit Hilfe des wöchentlichen Trainings, den Spielern den Spaß am Sport näher zu bringen und mit Abwechslung und Kreativität in der Vielfalt der Übungen, Begeisterung und Motivation zu fördern. Denn nur ein zufriedener Spieler ist auch ein guter Spieler.
Das Talent, die angeborene Begabung und der individuelle Wille lernen und leisten zu wollen, sind die letztendlich ausschlaggebenden Faktoren, ob es ein Spieler in die oberen Reihen schafft oder nicht. Der Trainer kann mit Hilfe des Trainings diese Eigenschaften fördern, kultivieren und kanalisieren. Ob der Spieler seinen Weg geht entscheidet er allerdings selbst. Leider haben oftmals überzogener Ehrgeiz und die Unkenntnis über die eigenen Grenzen viele talentierte Fußballer scheitern lassen. Ich selbst habe viele solcher Talente untergehen sehen, und habe oft auch versucht außerhalb des Fußballplatzes pädagogisch einzuwirken. Der Trainer stößt hier allerdings oftmals auf Grenzen, die nur der Spieler selbst überschreiten kann. Es ist wichtig die Begeisterung zu erhalten, damit der Spieler sein Talent entfalten kann. Der Trainer sollte erkennen, wo Handlungs- und Trainingsbedarf herrscht und hier als Übungsleiter reagieren und in-

dividuell auf Stärken und Schwächen der jungen Spieler eingehen. Jugendarbeit ist das Fundament der Vereine. Gerade bei den Jüngsten muss mit äußerster Aufmerksamkeit und größtem Einfühlungsvermögen mit dem Training und den Spielern umgegangen werden. Die Spieler befinden sich in einem sehr sensiblen Lebensabschnitt und gerade hier muss die Begeisterung und der Spaß am Spiel mit dem Ball forciert werden. Wie man sicher schon herauslesen konnte, bin ich kein großer Freund des Trainings und Spiels ohne Ball. Fußball ist ein Sport, der unweigerlich mit dem Ball zusammenhängt. Sinnloses Galoppieren über den Platz hat gerade in den jüngsten Fußballerkreisen nichts verloren. Das gehört in den Profibereich, um die Kondition zu stärken wo es auch sinnvoll ist. Denn hier können die Spieler bereits mit dem Ball umgehen, haben gelernt ihn unter Kontrolle zu halten und mit ihm technisch und spielerisch zu arbeiten. Aber das muss gelernt sein, und das passiert eben nicht, wenn man sein Hauptaugenmerk auf das Lauftraining begrenzt. Denn laufen kann man mit dem Ball schließlich auch.
Viele der Übungen in diesem Buch sind speziell auf das Zusammenspiel zweier oder mehrerer Teammitglieder zugeschnitten, um das gemeinsame Spielen zu fördern. Gerade auf diesem Gebiet habe ich die Erfahrung gemacht, dass Not am Mann ist. Die Spieler im Team müssen lernen, dass es sich um einen Mannschaftssport handelt. Man gewinnt zusammen, und man verliert zusammen. Für Individualisten ist nur begrenzt Platz. Ein gutes und erfolgreiches gemeinsames Spiel funktioniert auf Dauer nur mit der richtigen Trainingsarbeit und einer gesunden Wettkampfgestaltung. Die Spieler sollen sich messen und gleichzeitig aber ein Gemeinschaftsgefühl entwickeln. Die Stärken und Schwächen eines jeden Einzelnen erkennen und lernen sich selbst einschätzen zu können. Bevor das Training beginnt, möchte ich ein paar Grundregeln festlegen, ohne die ein gutes, ja, ein perfektes Training und Zusammenspielen nicht auskommt. Wenn man diese Regeln beachtet, steht einer guten Trainingseinheit und dem damit verbundenen Erfolg nichts im Weg.

VOR DEM ANPFIFF

Bevor der Trainer beginnt, sollte er sich mit wichtigen Grundthemen des Trainings und der Mannschaft befassen.

KOOPERATION

Es sollte eine enge Verbindung zwischen Trainer und Verein angestrebt werden, damit der Trainer größtmögliche Unterstützung für seine Arbeit erwarten kann.

ORGANISATION

Ein perfektes Training will gut geplant sein. Der Trainer sollte immer bestens vorbereitet und mit Konzept in ein Training gehen.

UMSETZUNG DER TRAININGSPLANUNG

Äußere Umstände wie die Wetter- und Platzverhältnisse, sowie der Bestand an Gerätschaften sollten berücksichtigt werden.

FITNESS

Wie ist der körperliche Zustand der Mannschaft und wie belastbar ist diese? Das Training sollte der physischen Verfassung der Spieler angepasst werden, besonderes Augenmerk liegt hier auf Kindern, Jugendlichen, aber auch Senioren.

TEAMWORK

Entwicklung und Förderung des Teamworks zwischen Trainer und Mannschaft, wie auch der einzelnen Spieler untereinander. Disziplin, Motivation und Vertrauen sind hier entscheidende Faktoren.

REPETITION

Das Techniktraining kann nur durch ständiges Wiederholen in der methodischen Anwendung der Übungen den gewünschten Erfolg bringen.

KONFLIKTMANAGEMENT

Der Trainer hat nicht nur sportliche, sondern auch psychologische Verantwortung über die Mannschaft. Es ist an ihm, persönliche Konflikte innerhalb des Teams anzusprechen und zu schlichten.

MOTIVATION

Es gilt schwächere Spieler zu motivieren und zu fördern, damit innerhalb der Mannschaft keine Kluft entsteht. Auch talentiertere Spieler sollen dazu animiert werden, ihre sportlich benachteiligten Teamkollegen zu mobilisieren und zu motivieren.

TEAMGEIST

Wie bereits beschrieben, muss innerhalb der Mannschaft ein Einheitsgefühl entstehen. Nur gemeinsam ist man stark! Man gewinnt und verliert zusammen. Wenn das in Fleisch und Blut übergeht, so steht einem gesunden Teamgeist nichts im Weg.

FAIRPLAY

Das Training sollte immer ein gesundes und ausgewogenes Verhältnis zwischen dem Konkurrenzgedanken und einem fairen und respektvollen Miteinander haben. Spieler, die das trotz mehrfachen Hinweises nicht verstehen und diese Regeln nicht achten, gehören nicht in eine Fußballmannschaft.

DISZIPLINARMASSNAHMEN

Wenn viele Menschen aufeinander treffen, das gilt für alle Bereiche, ist es notwendig Regeln aufzustellen, damit nicht das Chaos ausbricht. Wenn diese Regeln gebrochen werden, gilt es Disziplinarmaßnahmen aufzusetzen. Wichtig dabei ist, dass diese Maßnahmen fair, angemessen und nachvollziehbar sind und für alle gleichermaßen gelten. Auch und besonders für den Trainer.

TRAININGSVERLAUF

Der Trainer sollte ständig den korrekten Ablauf der Trainingseinheiten kontrollieren und abschätzen, ob das gewünschte Ziel erreicht wurde. Weitere Komponenten sind Atmosphäre und Stimmung innerhalb des Teams während des Trainings.

PERSÖNLICHER KONTAKT

Wichtig ist, dass der Trainer sich während des Trainings die Zeit nimmt individuell auf einzelne Spieler einzugehen. Individuelle Bedürfnisse einzelner Spieler sollten ein speziell abgestimmtes Training erhalten.

ZUSAMMENSTELLUNG DES TRAININGSPROGRAMMES

Dieses Buch dient lediglich als Hilfestellung für Amateurtrainer, als Ratgeber und Wegweiser. Es sollte als Anregung dienen, die aufgezeigten Übungen miteinander zu kombinieren und eigene Ideen zu entwickeln. Auch die Reihenfolge ist hier völlig unerheblich. Es kommt immer auf die Ausgangssituation und Zielsetzung an. Klassische Aufwärmübungen sind keinesfalls schlecht, nur weil sie in diesem Buch nicht vorkommen. Die Trainingslektionen in diesem Buch lassen sich bestens mit anderen Übungen „aus dem Lehrbuch" kombinieren und anwenden.

WICHTIGES FÜR DEN TRAINER ZUM EINSTIEG

Bevor es an die Umsetzung der Trainingslektionen geht, habe ich damit begonnen ein paar wichtige Grundregeln aufzuschreiben, die den äußeren Anschein von Floskeln, ja, Binsenweisheiten haben. Das mindert jedoch in keiner Art und Weise ihre Wichtigkeit und Richtigkeit, denn nur die wenigsten Trainer achten diese essentiellen Regeln. Es war mir deshalb wichtig, diese noch einmal in aller Deutlichkeit kompakt zusammenzufassen.

DIE 10 GOLDENEN REGELN
ZUM PERFEKTEN TRAINING

01 GEH IMMER GUT VORBEREITET UND AUFGEWÄRMT INS TRAINING

02 BEI ALLEN ÜBUNGEN IST DER BALL DABEI

03 NIMM DIR GENÜGEND ZEIT, UM ÜBUNGEN ZU ERKLÄREN

04 GÖNNE DEN SPIELERN ERHOLUNG UND PAUSEN

05 LOB UND DISZIPLINARMASSNAHMEN MÜSSEN VERNÜNFTIG UND FAIR DOSIERT WERDEN

06 MOTIVATION UND SPASS IM TRAINING SIND OBERSTES GEBOT

07 JEDER SPIELER IST FÜR DAS TEAM WICHTIG

08 LASS DICH VON ÄUSSEREN EINFLÜSSEN NIEMALS AUS DEM KONZEPT BRINGEN

09 BEHALTE IMMER KONTROLLE UND BEWAHRE DIE DISZIPLIN IM TRAINING

10 DER TRAINER IST IMMER DER ERSTE UND AUCH DER LETZTE AUF DEM PLATZ

TECHNIK

01 TECHNIK/VORBEREITUNG

SO LÄUFT'S

SPIELER A WIRFT DEN BALL HOCH AUF B. DIESER STOPPT DEN BALL MIT DER BRUST UND SPIELT IHN ANSCHLIESSEND GEFÜHLVOLL AUF A ZURÜCK.

DAS WIRD BENÖTIGT

2 SPIELER, 1 BALL

TRAININGSZIEL

GEFÜHLVOLLER WURF, BALLANNAHME UND GEZIELTE RÜCKGABE

ÜBUNGSDAUER

3 MINUTEN PRO MANN

TECHNIK/VORBEREITUNG 02

SO LÄUFT'S

SPIELER A UND B SPIELEN SICH DEN BALL DIREKT MIT DEM KOPF ZU.

DAS WIRD BENÖTIGT

2 SPIELER, 1 BALL

TRAININGSZIEL

GEFÜHLVOLLER KOPFBALL

ÜBUNGSDAUER

5 MINUTEN

03 TECHNIK/VOLLEY

SO LÄUFT'S

SPIELER A WIRFT DEN BALL AUF B. DIESER SPIELT DEN BALL SEITLICH VOLLEY ZURÜCK.

DAS WIRD BENÖTIGT

2 SPIELER, 1 BALL

TRAININGSZIEL

SCHNELLE DREHUNG,
GENAUES VOLLEYSPIEL MIT VOLLSPANN

ÜBUNGSDAUER

5 MINUTEN

DEN BALL KONTROLLIERT UND GEZIELT ABSPIELEN!

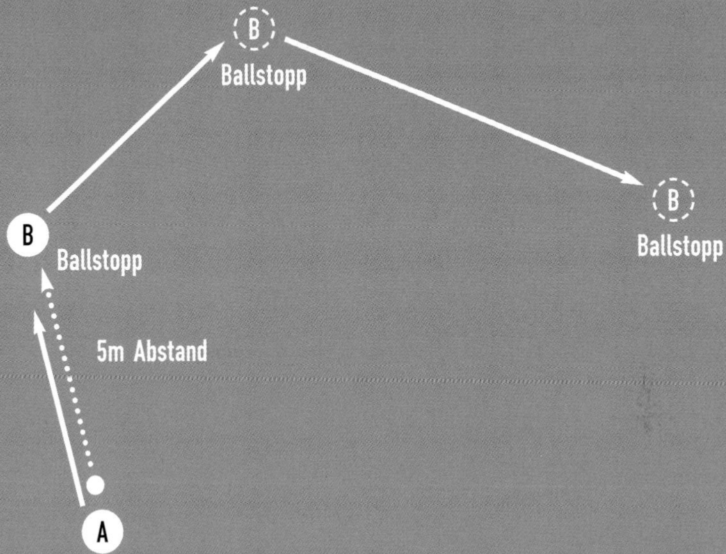

TECHNIK/BALLSTOPP 04

SO LÄUFT'S

A PASST AUF B. DIESER STOPPT DEN BALL KURZ AB UND BEWEGT SICH IN EINE NEUE POSITION, UM EINEN PASS VON A ZU ERHALTEN.

DAS WIRD BENÖTIGT

2 SPIELER, 1 BALL

TRAININGSZIEL

GENAUES PASSEN, WEICHES ABSTOPPEN, SCHNELLE BEWEGUNG

ÜBUNGSDAUER

3 MINUTEN PRO SPIELER

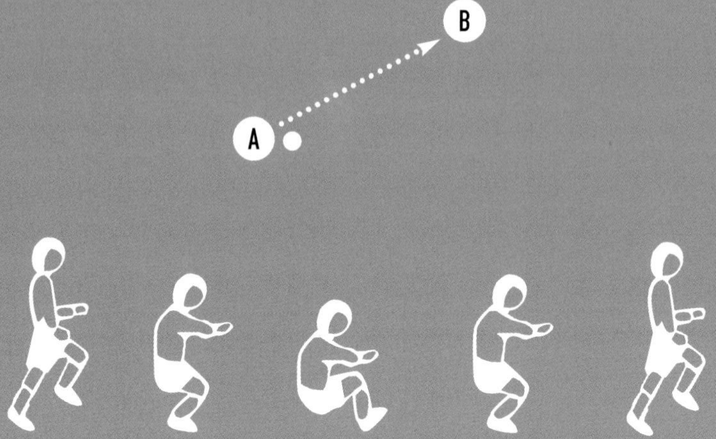

Bewegungsablauf nach dem Abspiel

05 TECHNIK/KOORDINATION

SO LÄUFT'S

SPIELER A SPIELT DEN BALL AUF B. DIREKT NACH DEM ABSPIEL FOLGT EIN BODENKONTAKT IN DER HOCKE.

DAS WIRD BENÖTIGT

2 SPIELER, 1 BALL

TRAININGSZIEL

SCHNELLER WECHSEL VON PASS UND BEWEGUNG

ÜBUNGSDAUER

5 MINUTEN

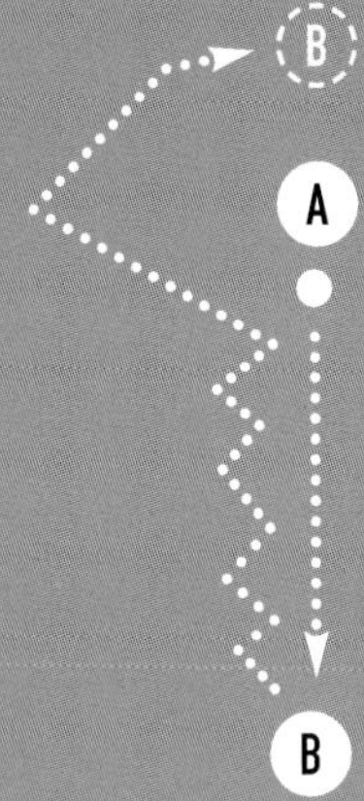

TECHNIK/DRIBBLING 06

SO LÄUFT'S

SPIELER A PASST ZU B. DIESER GEHT A MIT DEM BALL ENTGEGEN UND UMSPIELT DIESEN MIT EINER GESCHICKTEN KÖRPERTÄUSCHUNG. DANACH BEKOMMT A DEN BALL.

DAS WIRD BENÖTIGT

2 SPIELER, 1 BALL

TRAININGSZIEL

SCHNELLE KÖRPERBEWEGUNG

ÜBUNGSDAUER

3 MINUTEN

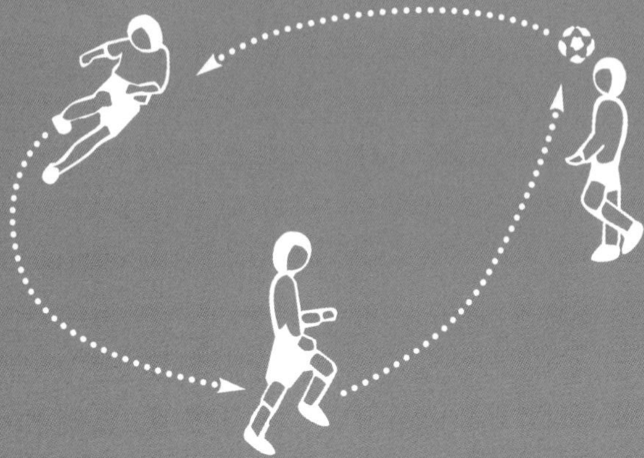

07 TECHNIK/BALLKONTROLLE

SO LÄUFT'S

3 SPIELER SPIELEN SICH DEN BALL DIREKT MIT DEM KOPF ODER VOLLEY ZU UND VERSUCHEN DABEI EINE HOHE ANZAHL AN ABSPIELEN ZU ERREICHEN.

DAS WIRD BENÖTIGT

3 SPIELER, 1 BALL

TRAININGSZIEL

GEFÜHLVOLLER KOPFBALL, PLATZIERTER VOLLEY

ÜBUNGSDAUER

5 MINUTEN

DEN BALL KONTROLLIEREN UND GEZIELT ABSPIELEN!

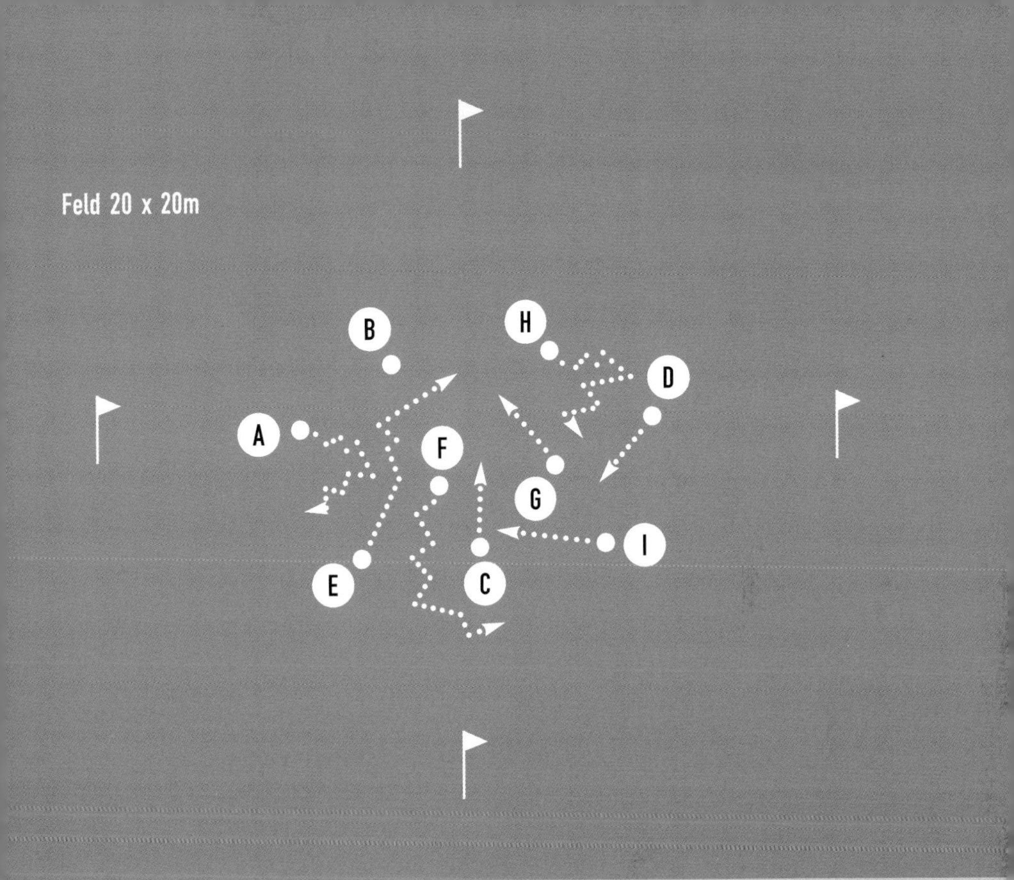

TECHNIK/BALLKONTROLLE 08

SO LÄUFT'S

JEDER SPIELER HAT EINEN BALL UND BEWEGT SICH DURCH EINEN ABGEGRENZTEN BEREICH, OHNE DABEI MIT EINEM ANDEREN SPIELER ZUSAMMENZUSTOSSEN.

DAS WIRD BENÖTIGT

5-10 SPIELER, 1 BALL PRO SPIELER, 4 MARKIERUNGEN

TRAININGSZIEL

BALLKONTROLLE, ÜBERBLICK, SCHNELLE BEWEGUNGEN

ÜBUNGSDAUER

4 MINUTEN

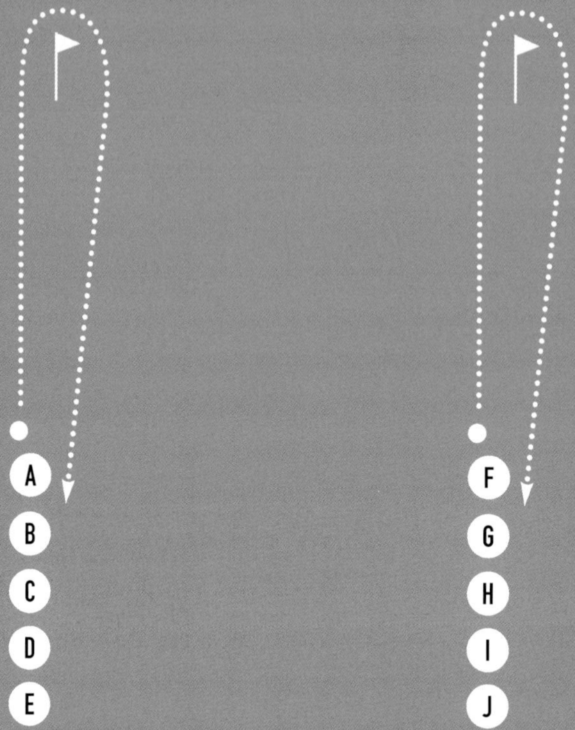

09 TECHNIK/BALLKONTROLLE

SO LÄUFT'S

SPIELER A FÜHRT DEN BALL UM DIE MARKIERUNG UND GIBT DANN AUF DEN NÄCHSTEN MITSPIELER AB.

DAS WIRD BENÖTIGT

GRUPPE MIT 5 SPIELERN, 1 BALL, 1 MARKIERUNG

TRAININGSZIEL

SCHNELLE, KOORDINIERTE BALLFÜHRUNG

ÜBUNGSDAUER

5 MINUTEN

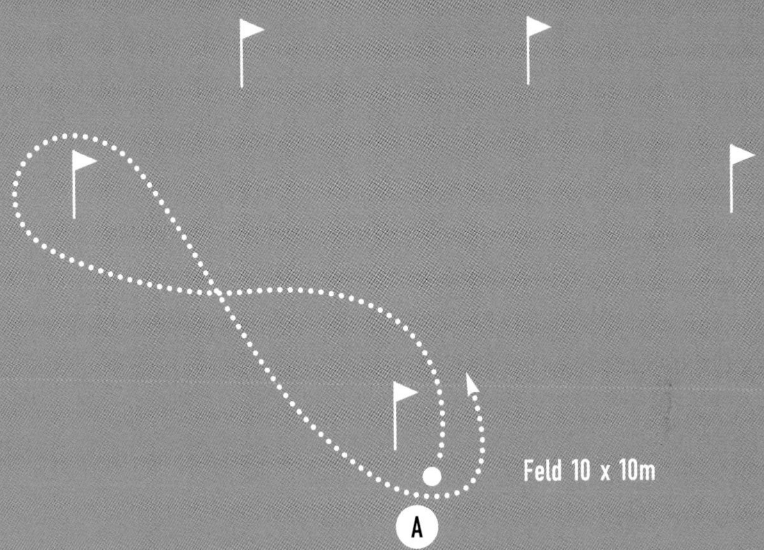

TECHNIK/BALLKONTROLLE 10

SO LÄUFT'S

SPIELER A FÜHRT DEN BALL IM SOGENANNTEN „KUVERT" IM SLALOM UM 4 FÄHNCHEN. JEWEILS RÜCKKEHR ZUM STARTPUNKT.

DAS WIRD BENÖTIGT

1 SPIELER, 1 BALL, 5 MARKIERUNGEN

TRAININGSZIEL

SCHNELLE, KOORDINIERTE BALLFÜHRUNG

ÜBUNGSDAUER

5 DURCHLÄUFE PRO MANN

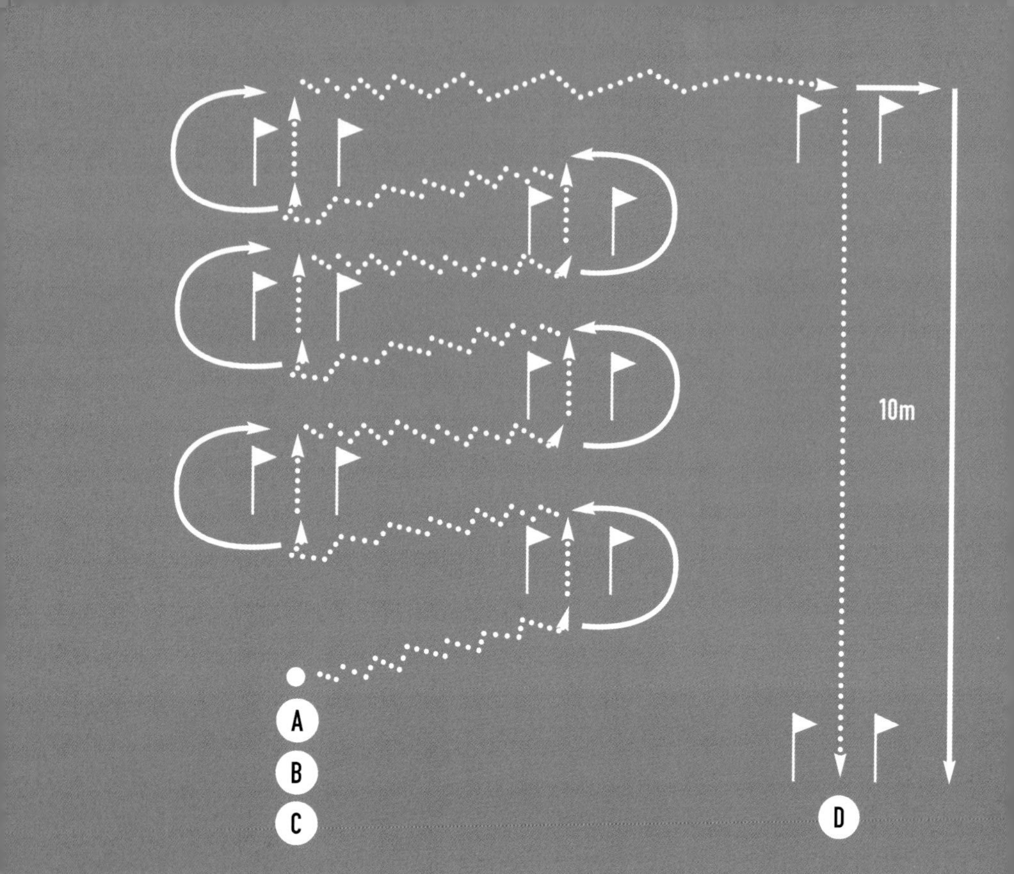

11 TECHNIK/BALLKONTROLLE

SO LÄUFT'S

BALLFÜHRUNG IN EINEM HÜTCHENPARCOURS. DER BALL WIRD DABEI DURCH DIE MARKIERUNGEN GESPIELT UND DIE HÜTCHEN UMLAUFEN. AM ENDE ERFOLGT EIN PASS ZUM NÄCHSTEN SPIELER, SOWIE EIN SCHNELLER SPRINT ZUM ZIELPUNKT.

DAS WIRD BENÖTIGT

4-8 SPIELER, 1 BALL PRO SPIELER, 16 MARKIERUNGEN

TRAININGSZIEL

BALLKONTROLLE, SCHNELLE BEWEGUNGEN, GENAUER PASS, KURZER SPRINT

ÜBUNGSDAUER

5 WIEDERHOLUNGEN

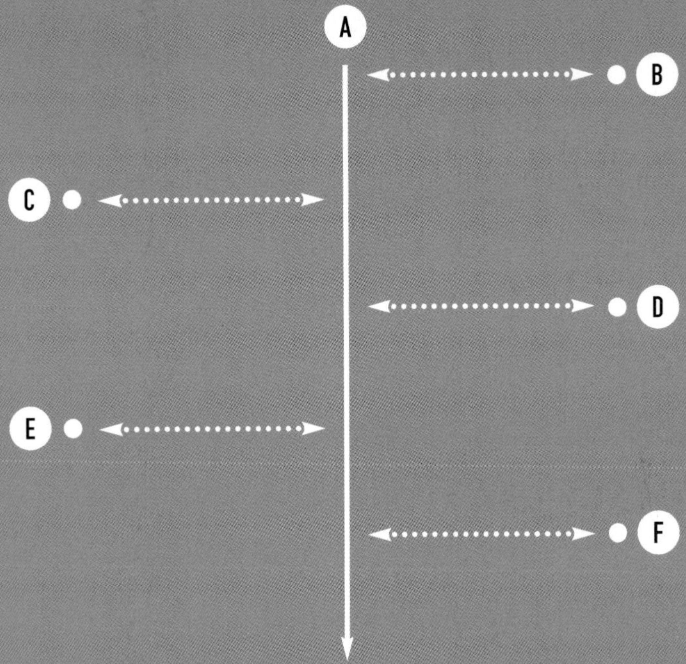

TECHNIK/BALLKONTROLLE 12

SO LÄUFT'S

A SPIELT IM LAUF DOPPELPASS MIT DEN AUSSEN POSITIONIERTEN MITSPIELERN.

DAS WIRD BENÖTIGT

6 SPIELER, 5 BÄLLE

TRAININGSZIEL

LAUF OHNE BALL, DIREKTER, SCHNELLER PASS IM LAUF

ÜBUNGSDAUER

5 WIEDERHOLUNGEN

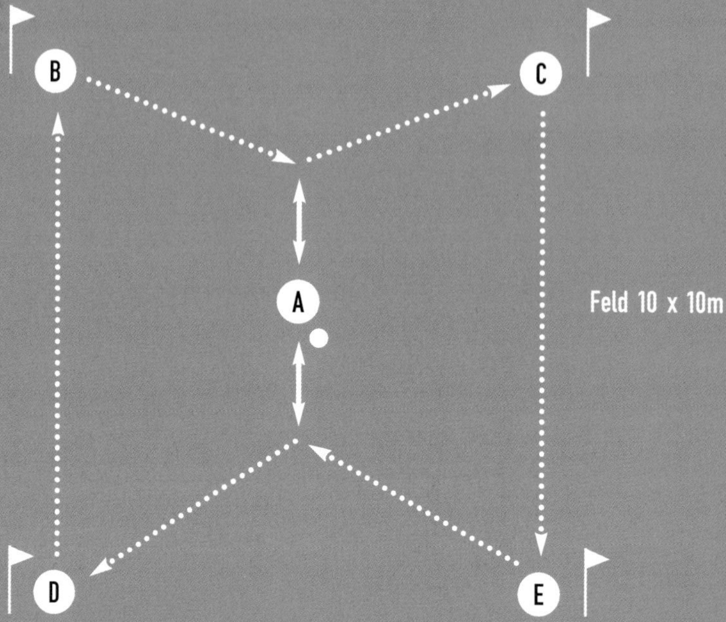

13 TECHNIK/BALLKONTROLLE

SO LÄUFT'S

SPIELER A DIENT ALS ZENTRALE ANSPIELSTATION. A SPIELT AUF D, D AUF B. VON B GEHT DER BALL WIEDER AN DIE ZENTRALE POSITION USW.

DAS WIRD BENÖTIGT

5 SPIELER, 1 BALL, 4 MARKIERUNGEN

TRAININGSZIEL

SCHNELLES, DIREKTES PASSEN

ÜBUNGSDAUER

10 MINUTEN

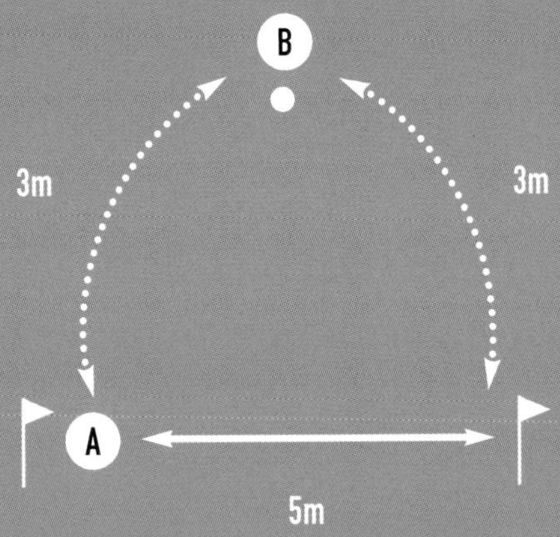

TECHNIK/BALLKONTROLLE 14

SO LÄUFT'S

B SPIELT DEN BALL ABWECHSELND HOCH UND FLACH AUF A. DIESER VERSUCHT DEN BALL DIREKT (MIT VOLLEY) ZURÜCKZUSPIELEN.

DAS WIRD BENÖTIGT

2 SPIELER, 1 BALL, 2 MARKIERUNGEN

TRAININGSZIEL

GEZIELTER VOLLEYSCHUSS

ÜBUNGSDAUER

5 MINUTEN

DEN BALL KONTROLLIERT UND GEZIELT ABSPIELEN!

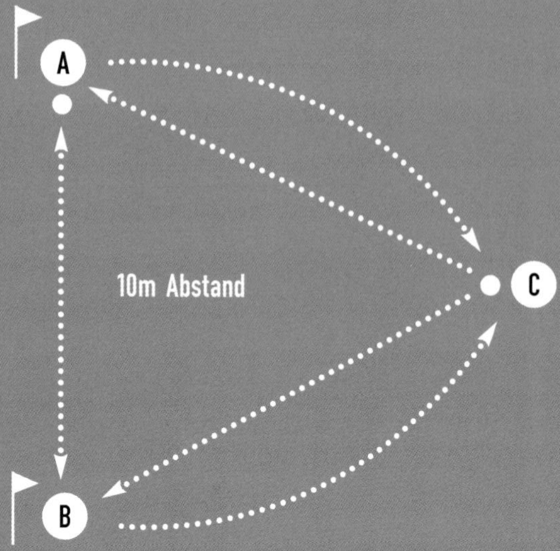

15 TECHNIK/BALLKONTROLLE

SO LÄUFT'S

A UND B PASSEN SICH DEN BALL FLACH ZU. C ERHÄLT VON A UND B JEWEILS HOHE BÄLLE, DIE DIREKT MIT FUSS ODER KOPF ZURÜCKGEPASST WERDEN.

DAS WIRD BENÖTIGT

3 SPIELER, 2 BÄLLE

TRAININGSZIEL

DIREKTES ABSPIEL, GENAUES PASSEN

ÜBUNGSDAUER

20 WIEDERHOLUNGEN

TECHNIK/BALLKONTROLLE 16

SO LÄUFT'S

A WIRFT DEN BALL HOCH AUF B. DIESER VERSUCHT DEN BALL ZURÜCKZUKÖPFEN. C STEHT HINTER B UND VERSUCHT DIESEN BEIM KOPFBALL ZU STÖREN.

DAS WIRD BENÖTIGT

3 SPIELER, 1 BALL

TRAININGSZIEL

SPRUNG, KOPFBALL, ZWEIKAMPF IN DER LUFT, SCHNELLE BEWEGUNG

ÜBUNGSDAUER

10 WIEDERHOLUNGEN

IN BEWEGUNG BLEIBEN UND FAIR SPIELEN!

17 TECHNIK/KOPFBALL

SO LÄUFT'S

SPIELER A WIRFT DEN BALL AUF B. DIESER SPIELT DEN BALL MIT EINEM FLUGKOPFBALL AUF A ZURÜCK.

DAS WIRD BENÖTIGT

2 SPIELER, 1 BALL

TRAININGSZIEL

GEFÜHLVOLLER WURF UND KOPFBALLRÜCKGABE IM FALLEN

ÜBUNGSDAUER

3 MINUTEN PRO MANN

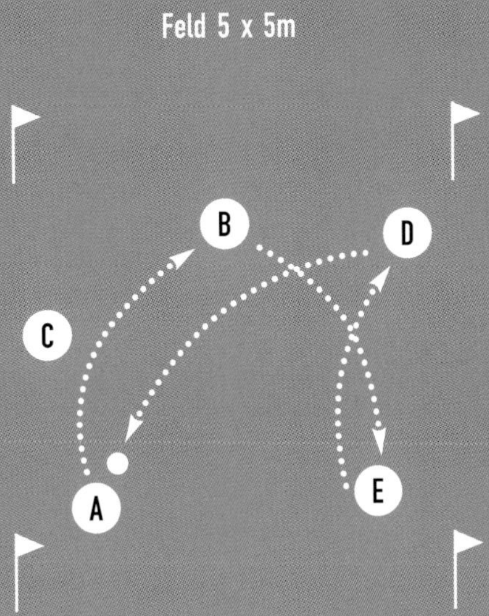

TECHNIK/KOPFBALL 18

SO LÄUFT'S

5 SPIELER SPIELEN SICH DEN BALL DIREKT MIT DEM KOPF ZU. MEHRERE KONTAKTE PRO SPIELER SIND MÖGLICH.

DAS WIRD BENÖTIGT

5 SPIELER, 1 BALL, 4 MARKIERUNGEN

TRAININGSZIEL

GENAUES PASSEN MIT DEM KOPF

ÜBUNGSDAUER

5 MINUTEN

DEN BALL KONTROLLIEREN UND GEZIELT ABSPIELEN!

PASSTRAINING

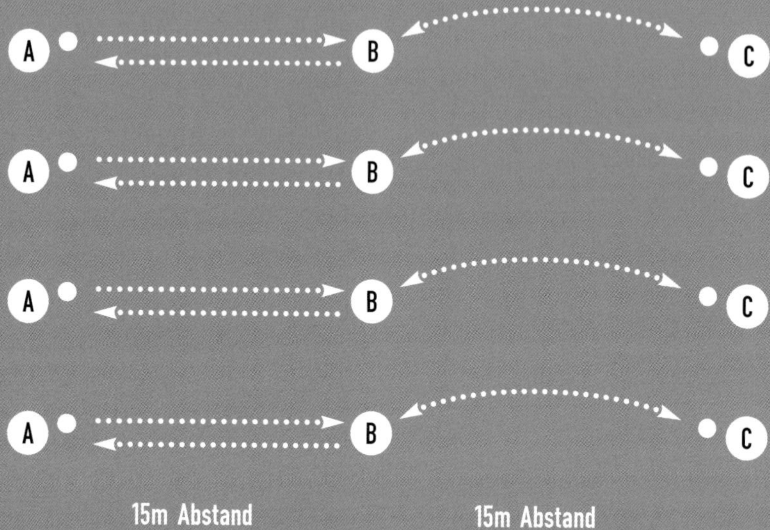

19 PASSTRAINING

SO LÄUFT'S

3 TEAMS. JE 4 SPIELER STEHEN SICH GEGENÜBER. A UND B SPIELEN SICH DEN BALL FLACH ZU. AUF DER ANDEREN SEITE FOLGT EIN HOHER PASS AUF DEN KOPF VON B.

DAS WIRD BENÖTIGT

3 TEAMS MIT JE 4 SPIELERN, 4 BÄLLE

TRAININGSZIEL

GENAUES PASSEN MIT FUSS UND KOPF

ÜBUNGSDAUER

3 MINUTEN PRO GRUPPE

DEN BALL KONTROLLIEREN UND GEZIELT ABSPIELEN!

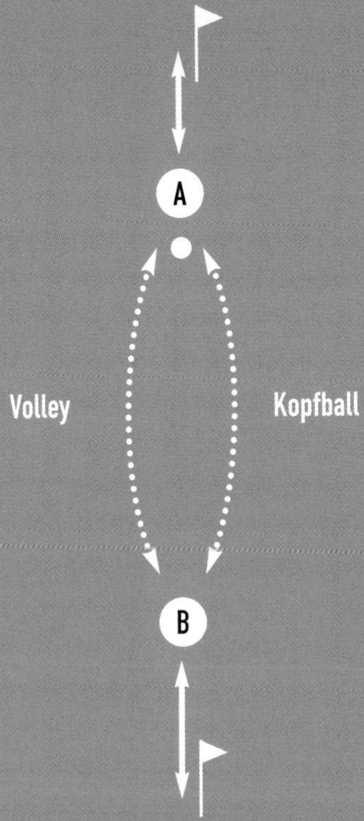

PASSTRAINING 20

SO LÄUFT'S

2 SPIELER STEHEN SICH GEGENÜBER. A WIRFT B DEN BALL HOCH ZU. B KOMMT ENTGEGEN UND KÖPFT ZURÜCK. ABWECHSELND MIT VOLLEY RÜCKPASSEN. GRUNDREGEL: BEIM KOPFBALL ENTGEGENKOMMEN, BEIM VOLLEY RÜCKWÄRTSLAUFEN.

DAS WIRD BENÖTIGT

2 SPIELER, 1 BALL

TRAININGSZIEL

KOPPELN VON KOPFBALL- UND VOLLEYPASS

ÜBUNGSDAUER

20 WIEDERHOLUNGEN

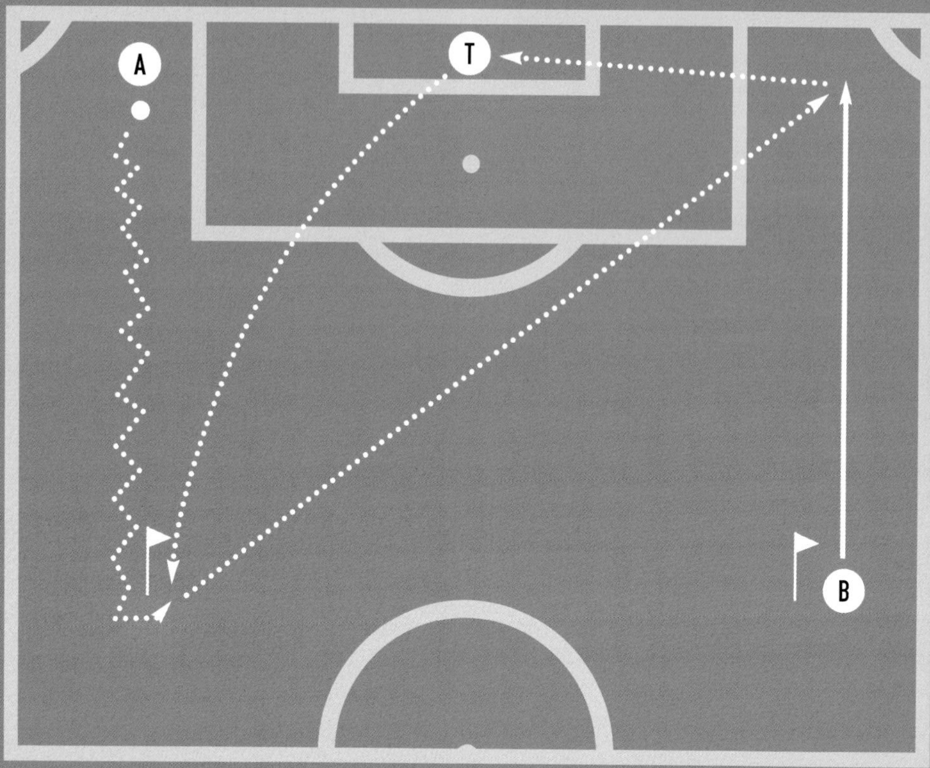

21 PASSTRAINING

SO LÄUFT'S

A FÜHRT DEN BALL ZUR MARKIERUNG, FLANKT AUF B, DIESER GIBT WEITER AUF DEN TORWART, DER A DEN BALL WIEDER ZURÜCKWIRFT.

DAS WIRD BENÖTIGT

2 SPIELER, 1 TORWART, 1 BALL, 2 MARKIERUNGEN

TRAININGSZIEL

GENAUES PASSEN, FLANKEN, TORWURF

ÜBUNGSDAUER

10 MINUTEN

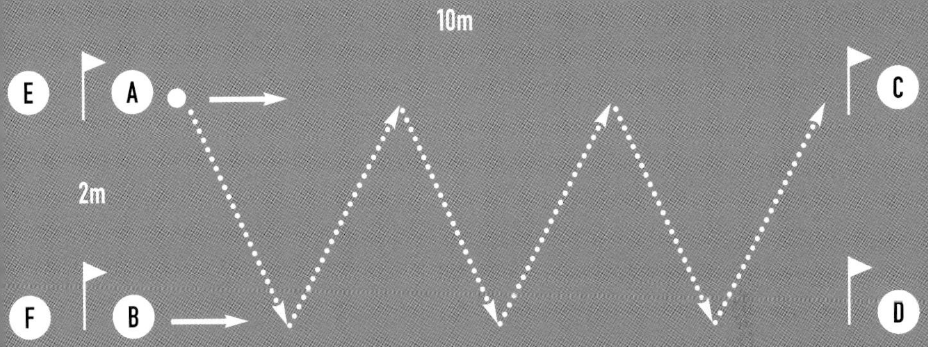

PASSTRAINING 22

SO LÄUFT'S

2 SPIELER PASSEN IM LAUF DEN BALL HIN UND HER.
AM ZIEL FOLGT DIE DIREKTE ÜBERGABE AN DAS NÄCHSTE TEAM.

DAS WIRD BENÖTIGT

3 GRUPPEN MIT 2 SPIELERN, 1 BALL, 4 MARKIERUNGEN

TRAININGSZIEL

PASSGENAUIGKEIT, GUTE ÜBERGABE, BALLBEHERRSCHUNG

ÜBUNGSDAUER

10 WIEDERHOLUNGEN

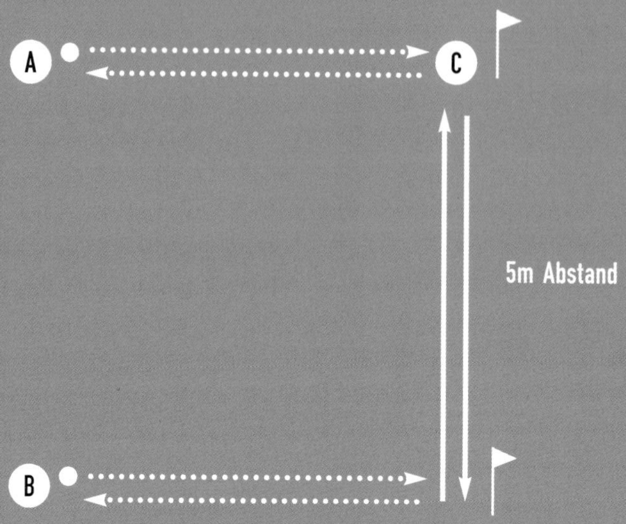

23 PASSTRAINING

SO LÄUFT'S

SPIELER A UND B SPIELEN C ABWECHSELND DEN BALL ZU.
C LÄUFT DABEI VON EINER MARKIERUNG ZUR NÄCHSTEN.

DAS WIRD BENÖTIGT

3 SPIELER, 2 BÄLLE, 2 MARKIERUNGEN

TRAININGSZIEL

DIREKTER PASS, AUCH KOPFBALLPASS

ÜBUNGSDAUER

3 MINUTEN PRO SPIELER

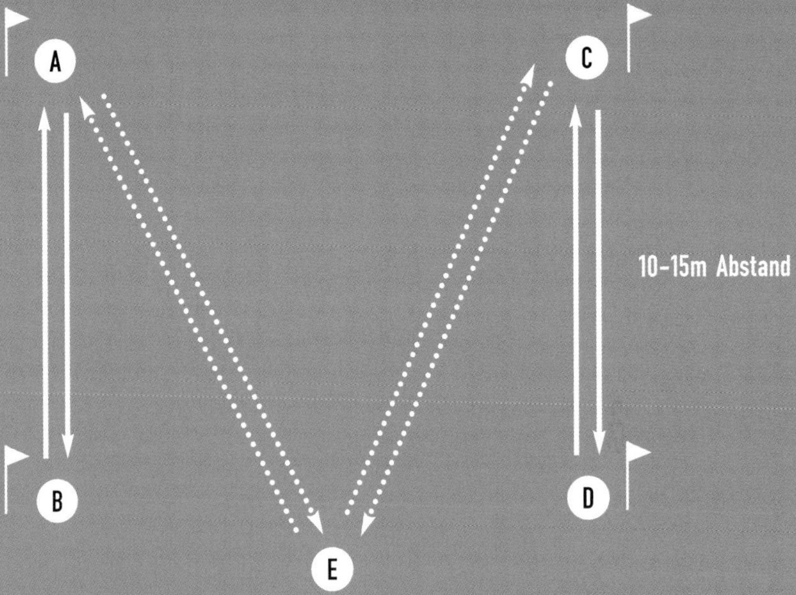

PASSTRAINING 24

SO LÄUFT'S

2 GRUPPEN VON JE 2 SPIELERN STEHEN SICH GEGENÜBER. A WECHSELT MIT B (C UND D VERFAHREN EBENSO) NACH JEDEM ABSPIEL DIE POSITION. EIN 5. SPIELER DIENT ALS ZENTRALE ANSPIELSTATION.

DAS WIRD BENÖTIGT

5 SPIELER, 2 BÄLLE, 4 MARKIERUNGEN

TRAININGSZIEL

PASSGENAUIGKEIT, LAUF OHNE BALL

ÜBUNGSDAUER

10 MINUTEN

25 PASSTRAINING

SO LÄUFT'S

2 GRUPPEN STEHEN SICH GEGENÜBER UND PASSEN SICH DEN BALL ZU. NACH BALLABGABE STELLT SICH DER SPIELER WIEDER HINTEN AN.

DAS WIRD BENÖTIGT

2 GRUPPEN MIT JE MAX. 6 SPIELERN, 1 BALL

TRAININGSZIEL

DIREKTES UND GENAUES PASSSPIEL, KONDITION

ÜBUNGSDAUER

5 MINUTEN

WICHTIG!
GENAU UND
DIREKT SPIELEN!

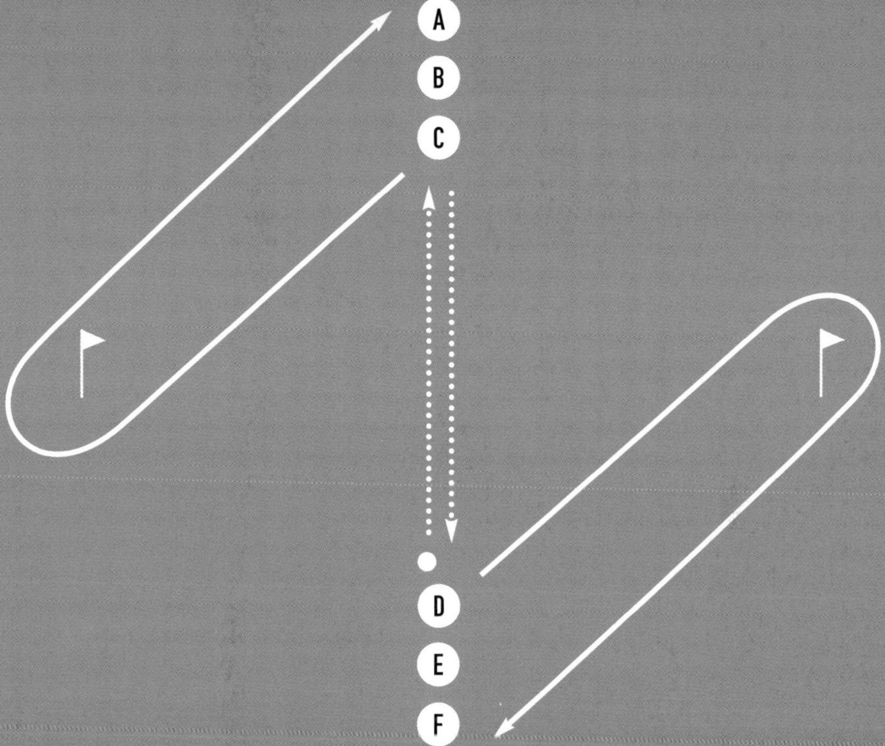

PASSTRAINING 26

SO LÄUFT'S

2 GRUPPEN STEHEN SICH GEGENÜBER UND PASSEN SICH DEN BALL ZU. NACH BALLABGABE LÄUFT DER SPIELER UM DIE MARKIERUNG UND STELLT SICH WIEDER HINTEN AN.

DAS WIRD BENÖTIGT

2 GRUPPEN MIT JE MAX. 8 SPIELERN,
1 BALL, 2 MARKIERUNGEN

TRAININGSZIEL

DIREKTES UND GENAUES PASSSPIEL, KONDITION

ÜBUNGSDAUER

7 MINUTEN BEI CA. 60 % INTENSITÄT

SEHR GUTES EINSTIEGSTRAINING BEI JUNGEN SPIELERN

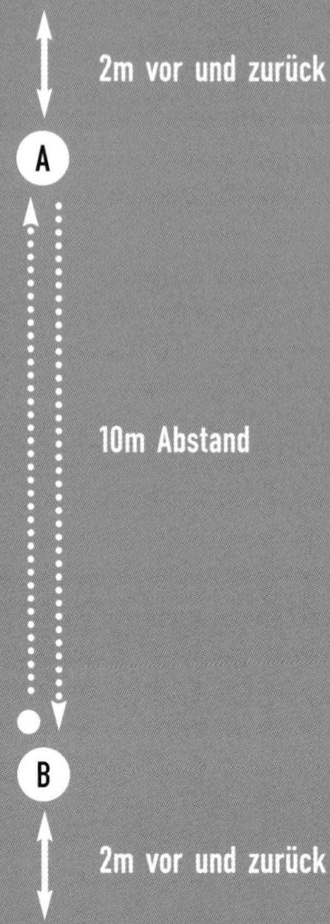

27 PASSTRAINING

SO LÄUFT'S

PASSSPIEL MIT ENTGEGENKOMMEN. SPIELER A SPIELT B DEN BALL ZU UND BEWEGT SICH RÜCKWÄRTS 2 METER ZURÜCK. SOBALD DER PASS VON B KOMMT, LÄUFT A DEM BALL ENTGEGEN. SPIELER B VERFÄHRT NACH DEM GLEICHEN PRINZIP.

DAS WIRD BENÖTIGT

2 SPIELER, 1 BALL

TRAININGSZIEL

DIREKTES UND GENAUES PASSSPIEL, KONDITION

ÜBUNGSDAUER

5 MINUTEN

WICHTIG!
GENAU UND DIREKT SPIELEN!

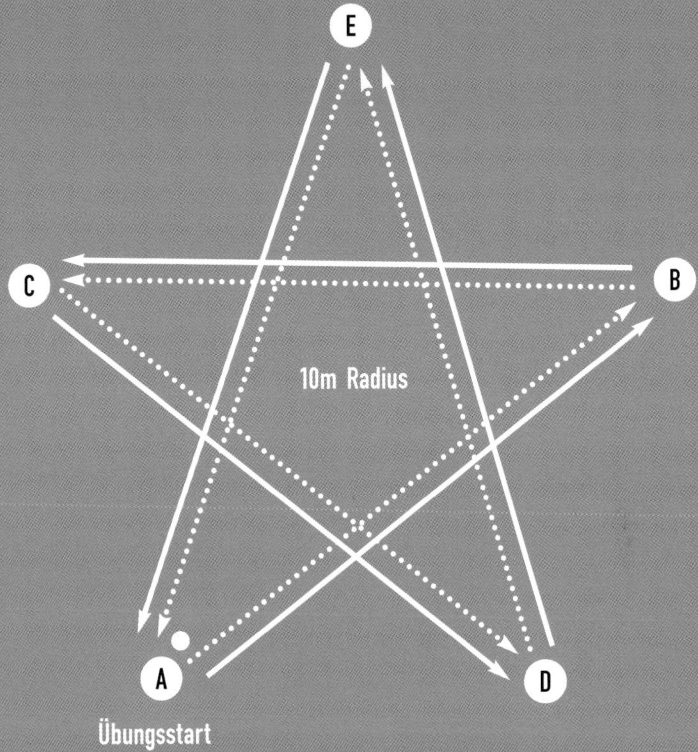

PASSTRAINING 28

SO LÄUFT'S

5 SPIELER BILDEN EINEN KREIS VON 10 METERN. A SPIELT AUF B DIREKT UND LÄUFT AUF DESSEN POSITION. B SPIELT AUF C UND LÄUFT WIEDERUM AUF DESSEN POSITION USW.

DAS WIRD BENÖTIGT

5 SPIELER, 1 BALL

TRAININGSZIEL

DIREKTES UND GENAUES PASSEN, STÄNDIGE BEWEGUNG, KONDITION

ÜBUNGSDAUER

7 MINUTEN

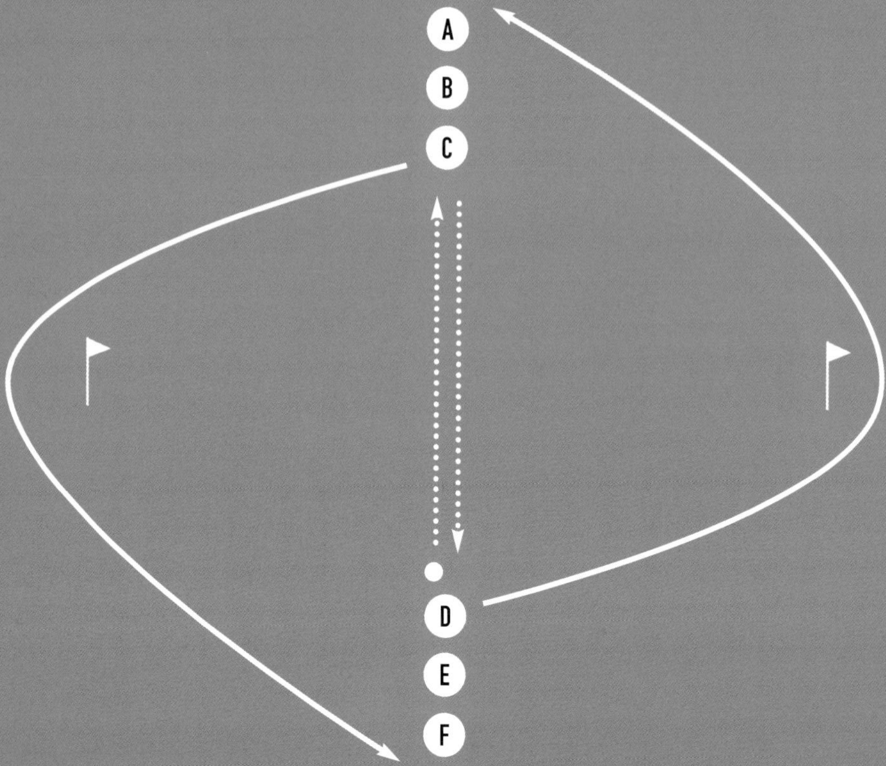

29 PASSTRAINING

SO LÄUFT'S

2 GRUPPEN STEHEN SICH GEGENÜBER. NACH DEM PASS LÄUFT DER SPIELER AN DER MARKIERUNG VORBEI UND STELLT SICH BEI DER ANDEREN GRUPPE HINTEN AN.

DAS WIRD BENÖTIGT

2 GRUPPEN MIT JE MAX. 4 SPIELERN, 1 BALL, 2 MARKIERUNGEN

TRAININGSZIEL

DIREKTES UND GENAUES PASSEN, KONDITION

ÜBUNGSDAUER

5 MINUTEN BEI CA. 70% INTENSITÄT

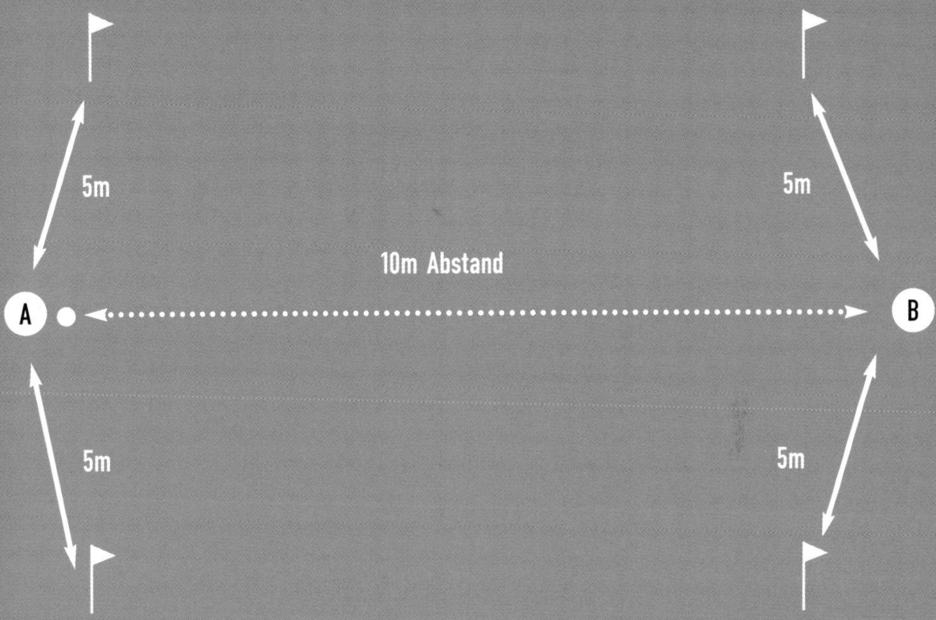

PASSTRAINING 30

SO LÄUFT'S

2 SPIELER PASSEN SICH DEN BALL ZU. NACH JEDER BALLABGABE ERFOLGT EIN SPRINT, ABWECHSELND ZUR LINKEN UND RECHTEN MARKIERUNG UND WIEDER ZURÜCK.

DAS WIRD BENÖTIGT

2 SPIELER, 1 BALL, 4 MARKIERUNGEN

TRAININGSZIEL

GENAUES PASSEN, KONDITION

ÜBUNGSDAUER

4 MINUTEN BEI CA. 80% INTENSITÄT

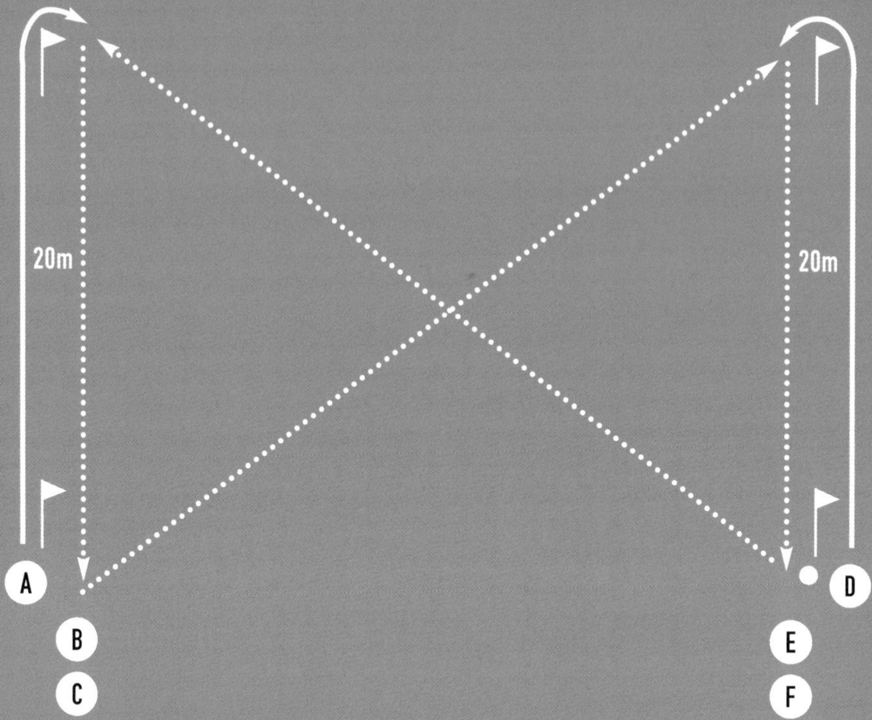

31 PASSTRAINING

SO LÄUFT'S

A LÄUFT ZUR MARKIERUNG, BEKOMMT DORT DEN PASS VON D UND GIBT WEITER AUF B. D LÄUFT ZUR MARKIERUNG, BEKOMMT DEN PASS VON B UND PASST AUF E. USW. DIE SPIELER STELLEN SICH JEWEILS WIEDER HINTEN IN IHRER EIGENEN GRUPPE AN.

DAS WIRD BENÖTIGT

2 GRUPPEN, 1 BALL, 4 MARKIERUNGEN

TRAININGSZIEL

DIREKTES UND GENAUES PASSSPIEL, KONDITION

ÜBUNGSDAUER

4 DURCHLÄUFE

WICHTIG!
SPIELERN ABLAUF GENAU BESCHREIBEN!

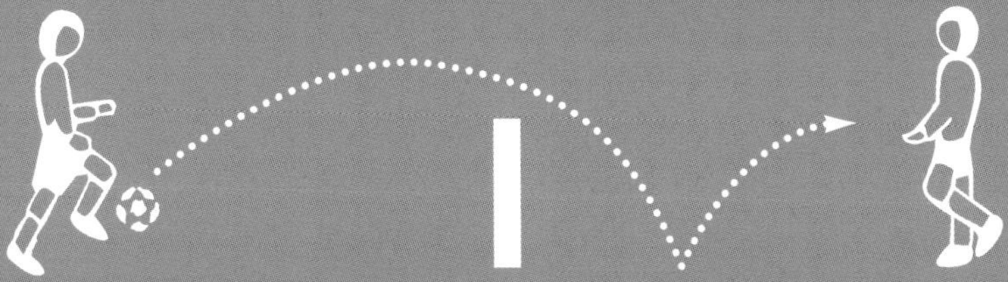

PASSTRAINING 32

SO LÄUFT'S

FUSSBALLTENNIS: 2 SPIELER STEHEN SICH GEGENÜBER UND PASSEN SICH DEN BALL IN DER LUFT ZU. DER BALL DARF DABEI NUR EINMAL DEN BODEN BERÜHREN.

DAS WIRD BENÖTIGT

2 SPIELER, 1 BALL, 1 HINDERNIS (KLEINES TOR)

TRAININGSZIEL

BALLKONTROLLE UND TECHNIK BEIM PASSEN IN DER LUFT

ÜBUNGSDAUER

5 MINUTEN

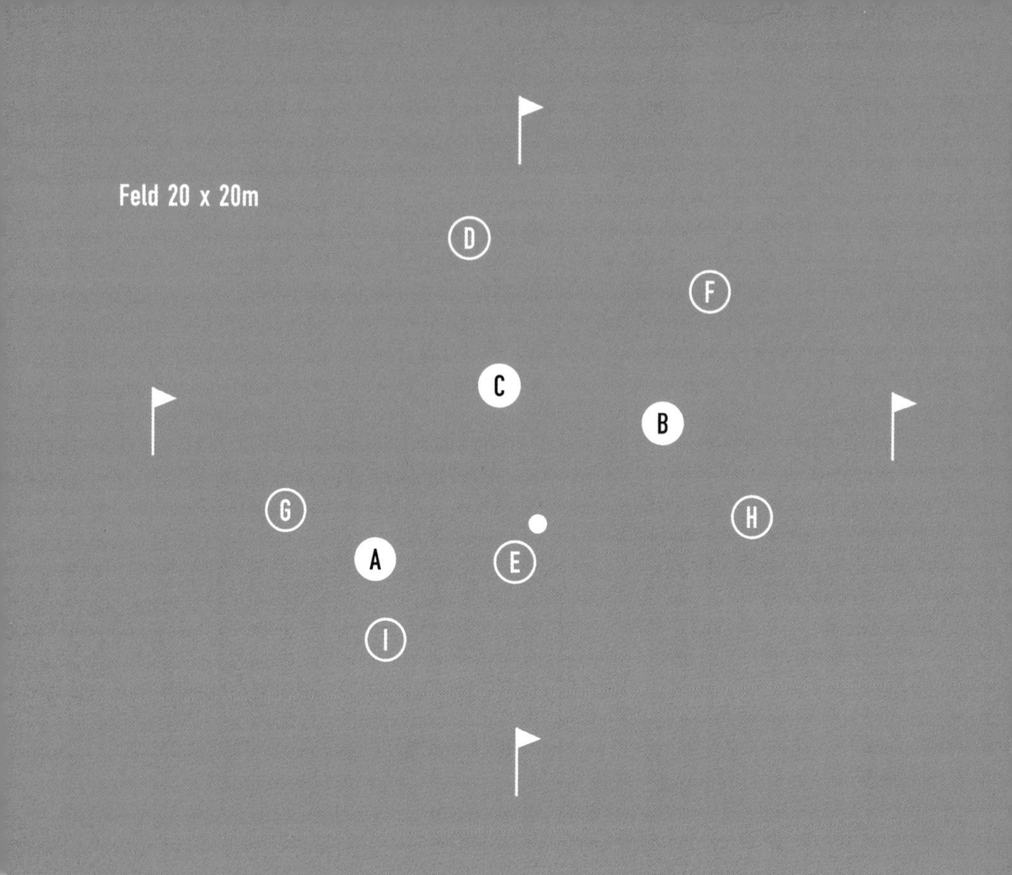

33 PASSTRAINING

SO LÄUFT'S

6 SPIELEN GEGEN 3. DER BALL WIRD DIREKT GEPASST. SOBALD DER BALL 3 MAL VON DEN GEGENSPIELERN ERKÄMPFT WURDE, WERDEN DIE SPIELER GETAUSCHT.

DAS WIRD BENÖTIGT

2 GRUPPEN MIT 6 UND 3 SPIELERN, 1 BALL, 4 MARKIERUNGEN

TRAININGSZIEL

GENAUES, DIREKTES PASSEN, KONDITION

ÜBUNGSDAUER

10 MINUTEN

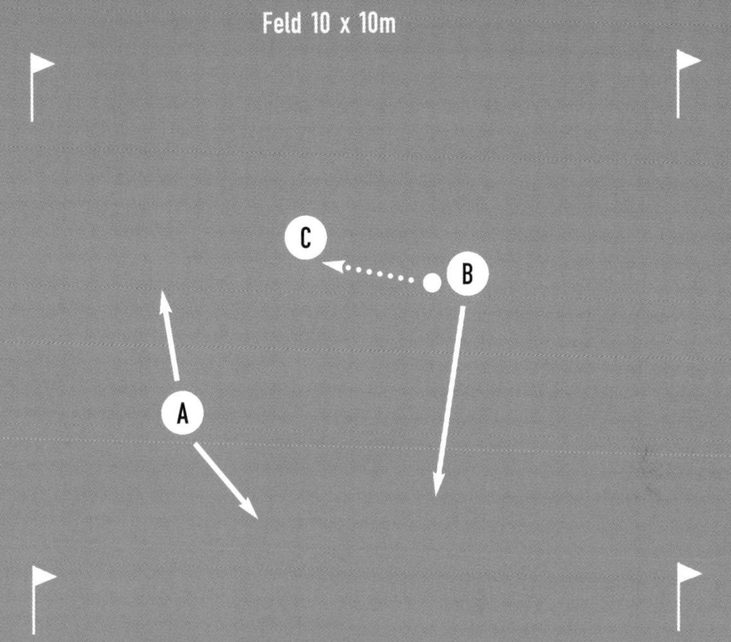

PASSTRAINING 34

SO LÄUFT'S

3 SPIELER PASSEN SICH DEN BALL DIREKT ZU. NACH JEDER BALLABGABE VERSUCHT DER SPIELER EINE NEUE POSITION IM RAUM ZU BEZIEHEN.

DAS WIRD BENÖTIGT

3 SPIELER, 1 BALL, 4 MARKIERUNGEN

TRAININGSZIEL

GENAUES, DIREKTES PASSEN, KONDITION

ÜBUNGSDAUER

5 MINUTEN

WICHTIG!
STETIG IN BEWEGUNG BLEIBEN!

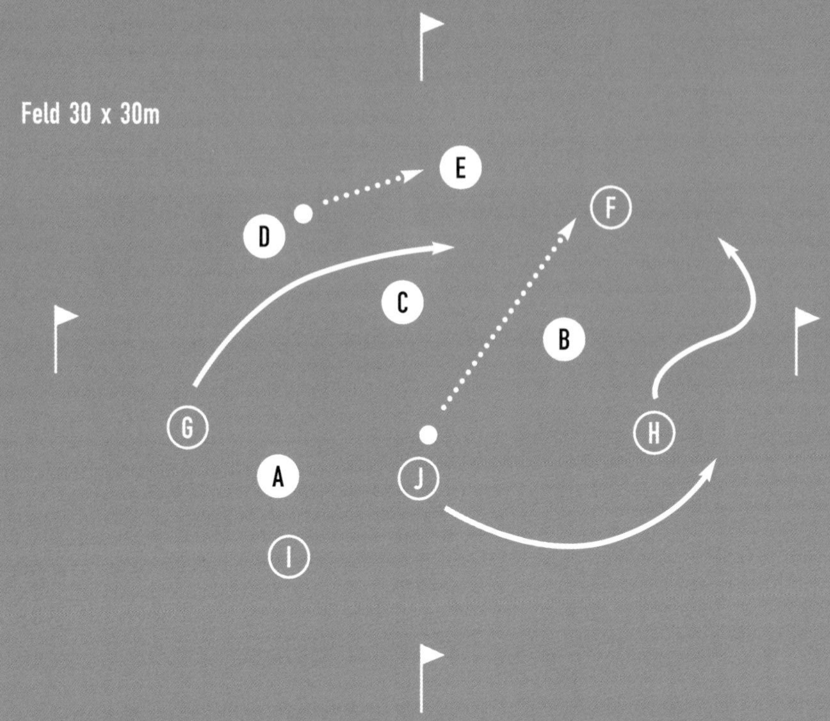

35 PASSTRAINING

SO LÄUFT'S

2 BÄLLE UND 2 TEAMS. DIE TEAMS SPIELEN SICH UNTEREINANDER IM MARKIERTEN RAUM DEN BALL ZU, SPIELEN ABER NICHT GEGENEINANDER.

DAS WIRD BENÖTIGT

5 x 5 SPIELER, TRIKOTS, 2 BÄLLE, 4 MARKIERUNGEN

TRAININGSZIEL

ORIENTIERUNG, KREATIVES SPIEL AUCH OHNE BALL

ÜBUNGSDAUER

10 MINUTEN

WICHTIG! ORIENTIERUNG BEHALTEN!

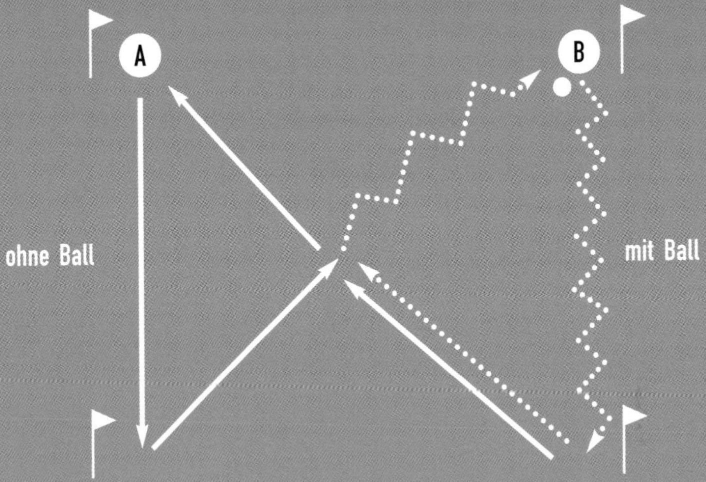

PASSTRAINING 36

SO LÄUFT'S

2 SPIELER STARTEN. EINER MIT BALL, EINER OHNE. AB DER 2. MARKIERUNG PASST B AUF A IN DIE MITTE. A ÜBERNIMMT DEN BALL UND B NIMMT DIE POSITION VON A EIN.

DAS WIRD BENÖTIGT

2 SPIELER, 1 BALL, 4 MARKIERUNGEN

TRAININGSZIEL

GENAUE PASSÜBUNG, BEWEGUNG MIT UND OHNE BALL

ÜBUNGSDAUER

5 MINUTEN

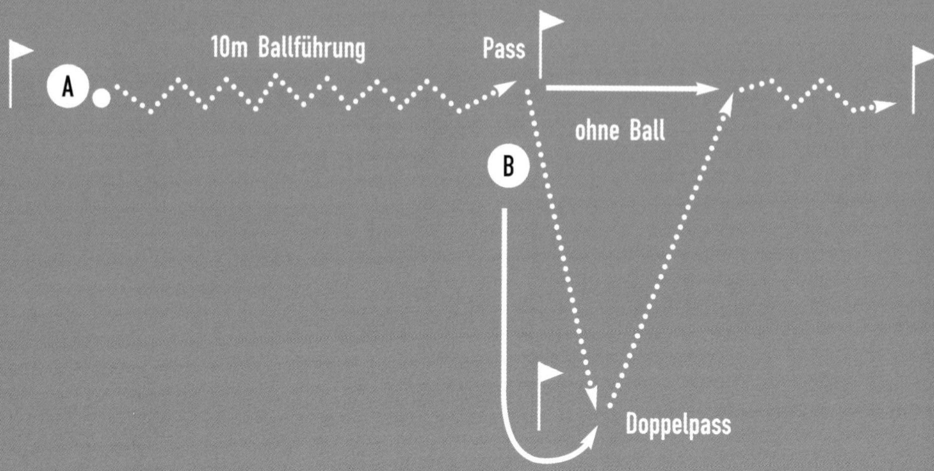

37 PASSTRAINING

SO LÄUFT'S

SPIELER A FÜHRT DEN BALL AUF HÖHE VON B. B LÄUFT GLEICHZEITIG ZUR MARKIERUNG UND ERWARTET DAS DOPPELPASSSPIEL MIT A.

DAS WIRD BENÖTIGT

2 SPIELER, 1 BALL, 2 MARKIERUNGEN

TRAININGSZIEL

DIREKTES UND GENAUES DOPPELPASSEN,
KORREKTE BALLFÜHRUNG

ÜBUNGSDAUER

6 MINUTEN

WICHTIG!
ABSOLUT GENAUES PASSEN!

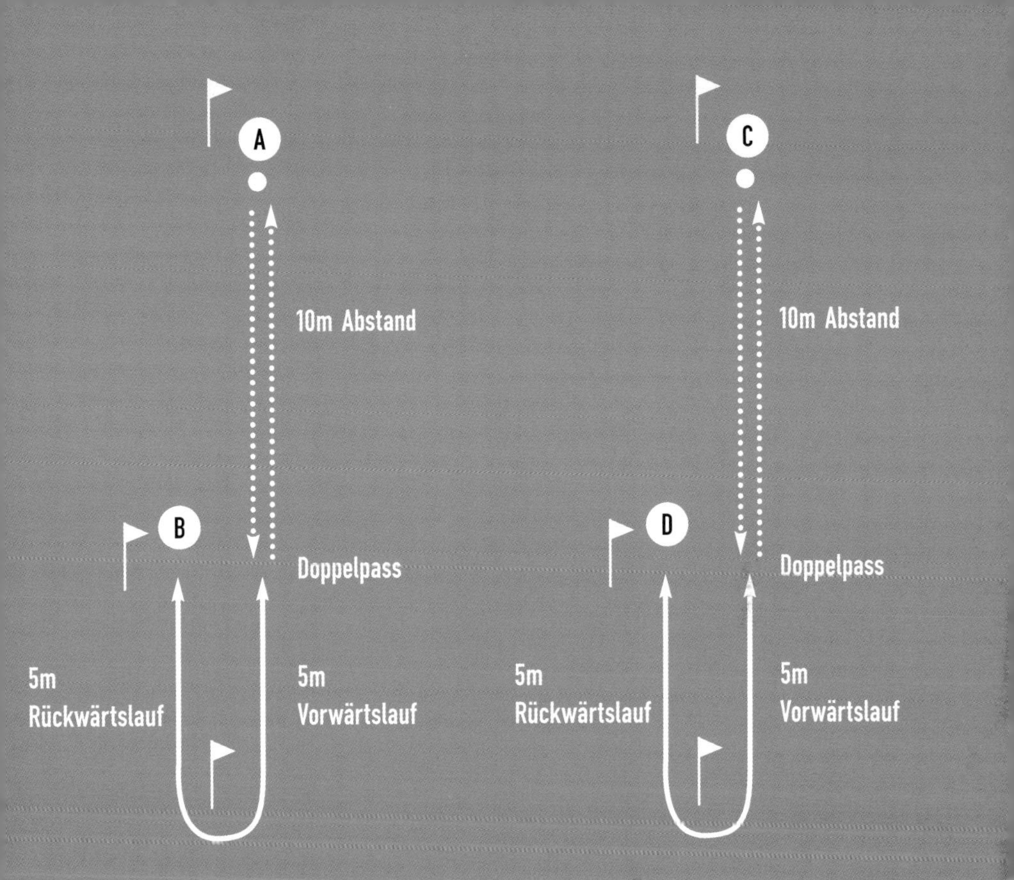

PASSTRAINING 38

SO LÄUFT'S

B LÄUFT IN DER RÜCKWÄRTSBEWEGUNG UM DIE MARKIERUNG UND SPIELT MIT A DOPPELPASS, UM WIEDER IN DER RÜCKWÄRTSBEWEGUNG ZURÜCK ZUM STARTPUNKT ZU LAUFEN.

DAS WIRD BENÖTIGT

2 SPIELER, 1 BALL, 2 MARKIERUNGEN

TRAININGSZIEL

RÜCKWÄRTSLAUF OHNE BALL, DIREKTES DOPPELPASSEN

ÜBUNGSDAUER

5 WIEDERHOLUNGEN PRO SPIELER

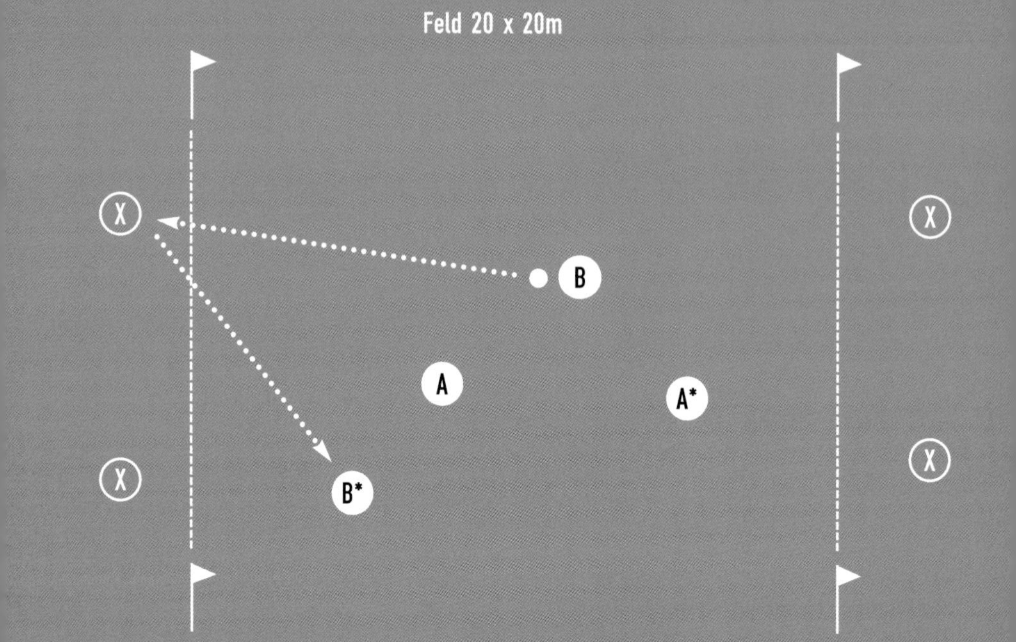

39 PASSTRAINING

SO LÄUFT'S

2 GEGEN 2. DIE SPIELER AUSSERHALB DES FELDES DIENEN ALS ZUSÄTZLICHE ANSPIELSTATIONEN. WAHLWEISE DIREKTES SPIEL ODER NUR ZWEI BALLKONTAKTE.

DAS WIRD BENÖTIGT

8 SPIELER, 1 BALL, 4 MARKIERUNGEN

TRAININGSZIEL

TECHNISCH KLUGES VERHALTEN, KOMBINATIONSSPIEL, TEAMWORK, SCHNELLE UND GEZIELTE PÄSSE

ÜBUNGSDAUER

10 MINUTEN

WICHTIG!
VIEL BEWEGUNG AUF ALLEN POSITIONEN

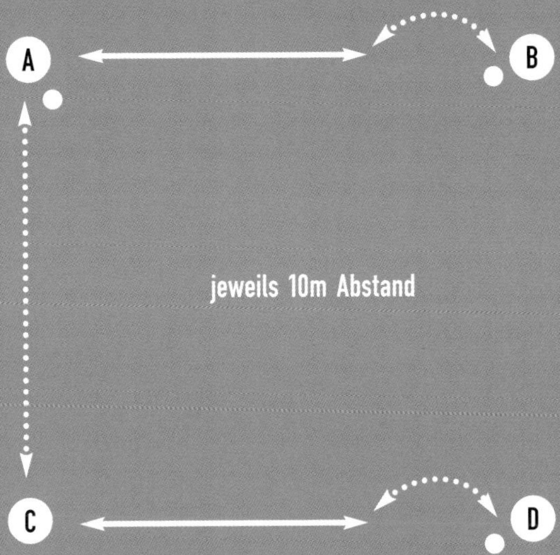

PASSTRAINING 40

SO LÄUFT'S

4 SPIELER BILDEN EIN VIERECK. A UND C PASSEN SICH DEN BALL ZU. NACH DER BALLABGABE ERFOLGT EIN KURZER SPRINT ZUM JEWEILIGEN KOPFBALLPARTNER, UM EINEN KOPFBALL ZU VOLLFÜHREN. DANN RÜCKKEHR ZUR AUSGANGSPOSITION.

DAS WIRD BENÖTIGT

4 SPIELER, 3 BÄLLE

TRAININGSZIEL

GENAUES PASSEN, KOPFBALL, SCHNELLE REAKTION

ÜBUNGSDAUER

10 DURCHLÄUFE PRO TEAM

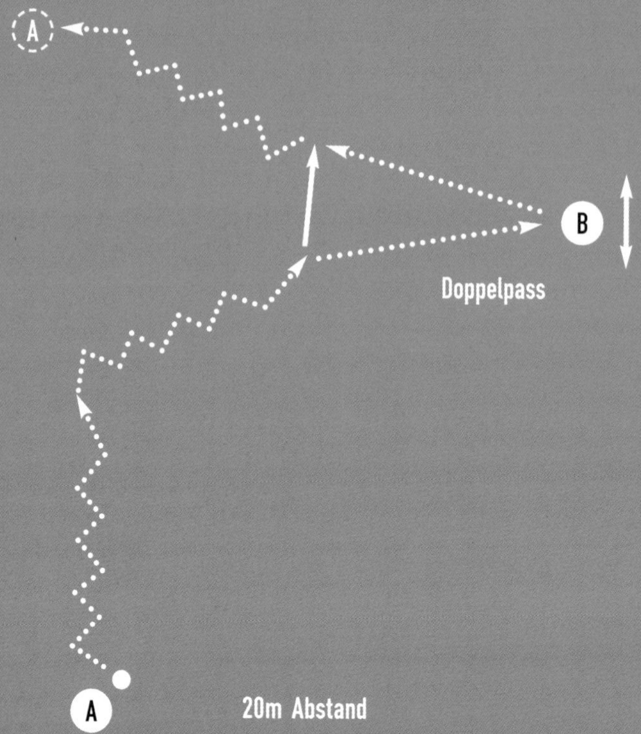

41 PASSTRAINING

SO LÄUFT'S

A FÜHRT DEN BALL. B BLEIBT AUF ABSTAND (20 METER). A BESCHLEUNIGT UND SPIELT DOPPELPASS MIT B.

DAS WIRD BENÖTIGT

2 SPIELER, 1 BALL

TRAININGSZIEL

GENAUER DOPPELPASS, SCHNELLE REAKTION

ÜBUNGSDAUER

10 DURCHLÄUFE PRO MANN

WICHTIG!
VIEL BEWEGUNG AUF BEIDEN POSITIONEN

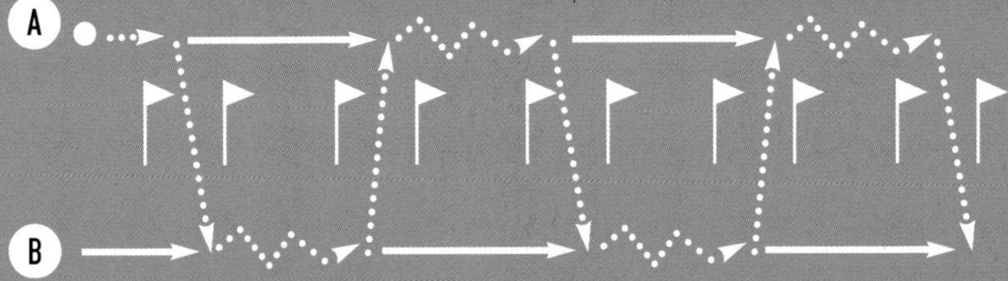

PASSTRAINING 42

SO LÄUFT'S

A UND B PASSEN SICH DURCH EINEN PARCOURS AUS MARKIERUNGEN DEN BALL ZU. OPTIONAL FÜR FORTGESCHRITTENE: DIREKT SPIELEN.

DAS WIRD BENÖTIGT

2 SPIELER, 1 BALL, 10 MARKIERUNGEN

TRAININGSZIEL

GENAUES PASSEN, LAUF OHNE BALL

ÜBUNGSDAUER

6 DURCHLÄUFE PRO TEAM

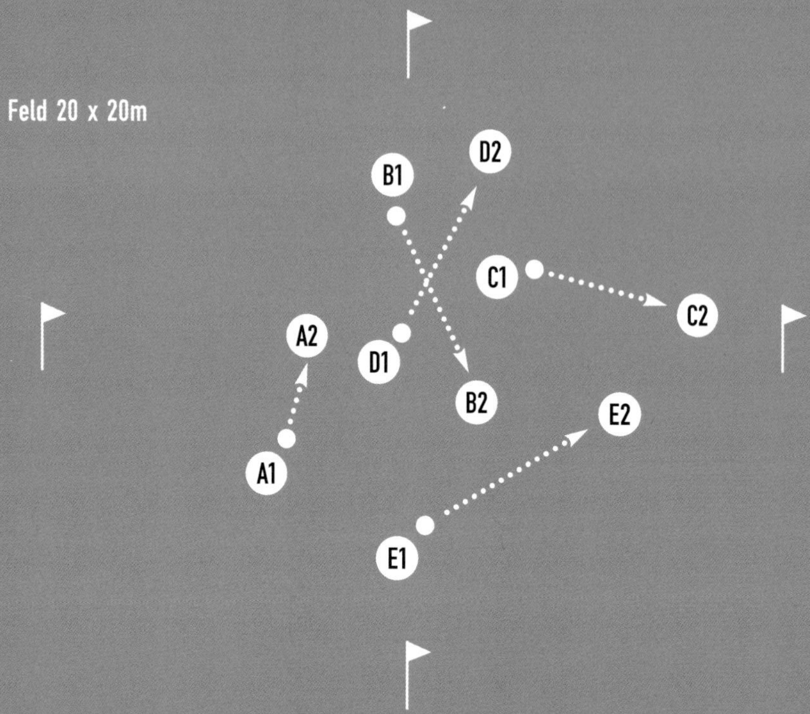

43 PASSTRAINING

SO LÄUFT'S

PASSEN IM ZWEIERTEAM AUF ENGEM RAUM MIT HOHEM GEGNERPOTENZIAL. DIREKTES SPIEL MIT MÖGLICHST WENIG BEHINDERUNG UND VIEL BEWEGUNG.

DAS WIRD BENÖTIGT

5 TEAMS MIT JE 2 SPIELERN, 5 BÄLLE, 4 MARKIERUNGEN

TRAININGSZIEL

KOMBINATIONSSPIEL, DIREKTES SPIEL,
SCHNELLE GEZIELTE PÄSSE, VIEL BEWEGUNG

ÜBUNGSDAUER

5 MINUTEN

WICHTIG!
AUF MITSPIELER ACHTEN!

PASSTRAINING 44

SO LÄUFT'S

2 SPIELER SPIELEN SICH 2 BÄLLE DIREKT HIN UND HER, DER BALL WIRD DABEI ABER IMMER NUR GERADE GESPIELT. DIE SPIELER MÜSSEN STÄNDIG IN BEWEGUNG SEIN, UM DEM NEUEN PASS NACHZUKOMMEN.

DAS WIRD BENÖTIGT

2 SPIELER, 2 BÄLLE

TRAININGSZIEL

SEHR GENAUES PASSEN, SCHNELLE BEWEGUNG

ÜBUNGSDAUER

5 MINUTEN

WICHTIG! GERADE PASSEN UND IN BEWEGUNG BLEIBEN!

TORSCHUSSTRAINING

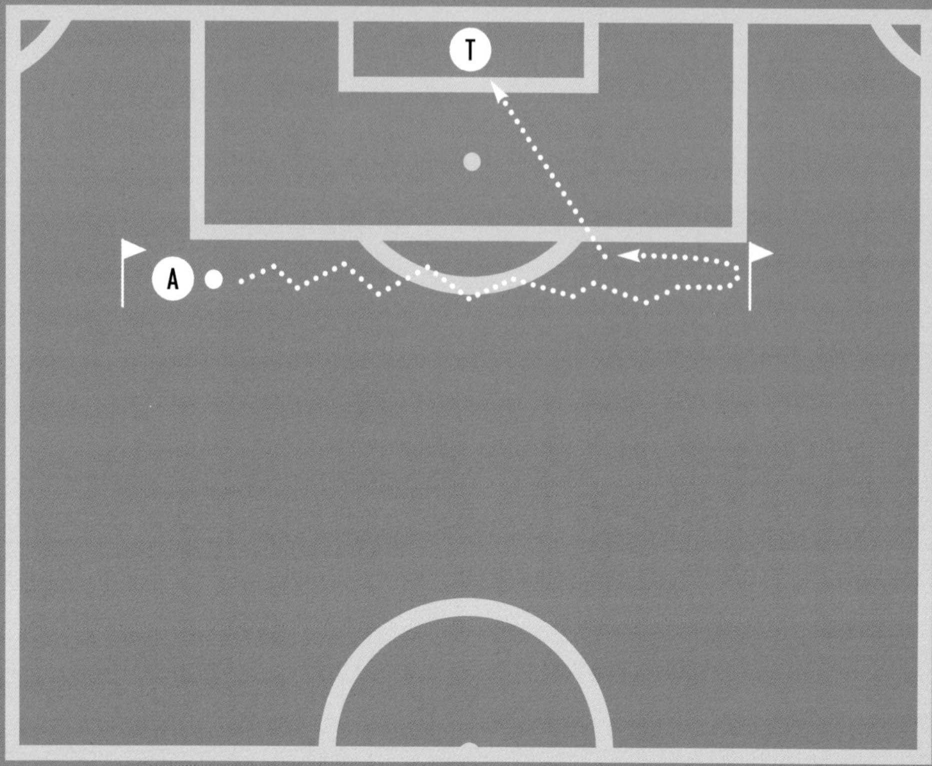

45 TORSCHUSSTRAINING

SO LÄUFT'S

A FÜHRT DEN BALL AM STRAFRAUM. SCHNELLE DREHUNG UND TORSCHUSS MIT LINKEM FUSS. ÜBUNG FÜR RECHTEN FUSS VON DER ANDEREN SEITE KOMMEND.

DAS WIRD BENÖTIGT

1 SPIELER, 1 TORWART, 1 BALL

TRAININGSZIEL

SICHERE BALLFÜHRUNG, SCHNELLE DREHUNG,
GEZIELTER SCHUSS MIT STARKEM UND SCHWACHEM FUSS

ÜBUNGSDAUER

6 DURCHLÄUFE PRO SPIELER

WICHTIG!
SICHERE BALLBEHERRSCHUNG TRAINIEREN

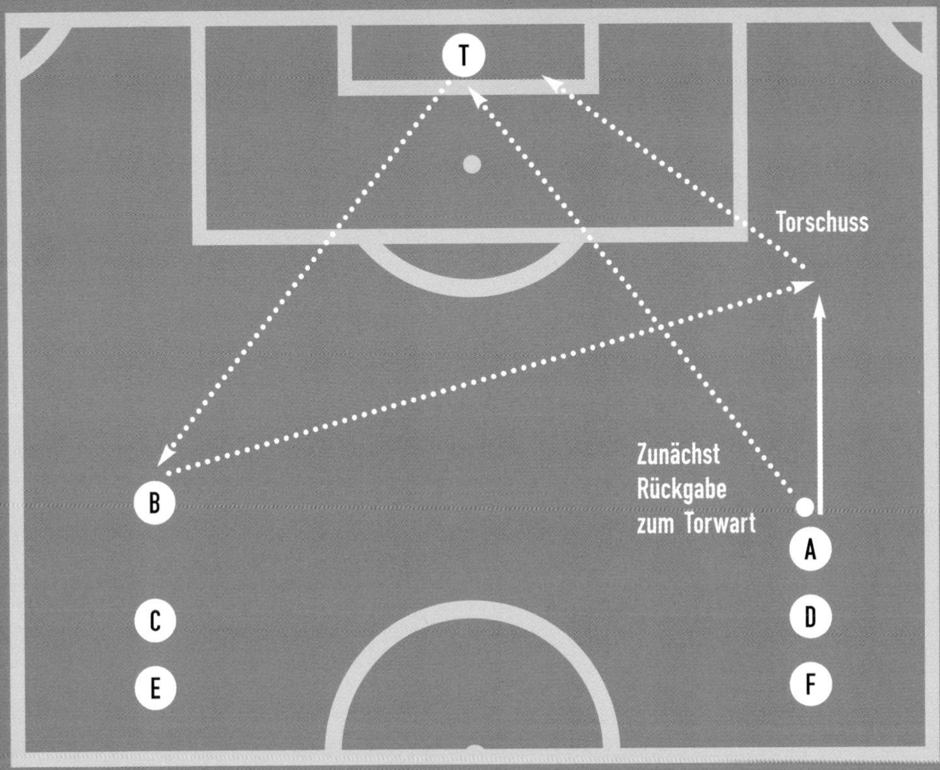

TORSCHUSSTRAINING 46

SO LÄUFT'S

A SPIELT AUF DEN TORWART. DIESER SPIELT AUF B, WELCHER WIEDERUM DIREKT AUF A FÜR DEN TORSCHUSS SPIELT.

DAS WIRD BENÖTIGT

2 GRUPPEN MIT JE 3 SPIELERN, 1 TORWART, 1 BALL

TRAININGSZIEL

GENAUES PASSEN, TORSCHUSS

ÜBUNGSDAUER

10 MINUTEN, DANN SEITENWECHSEL

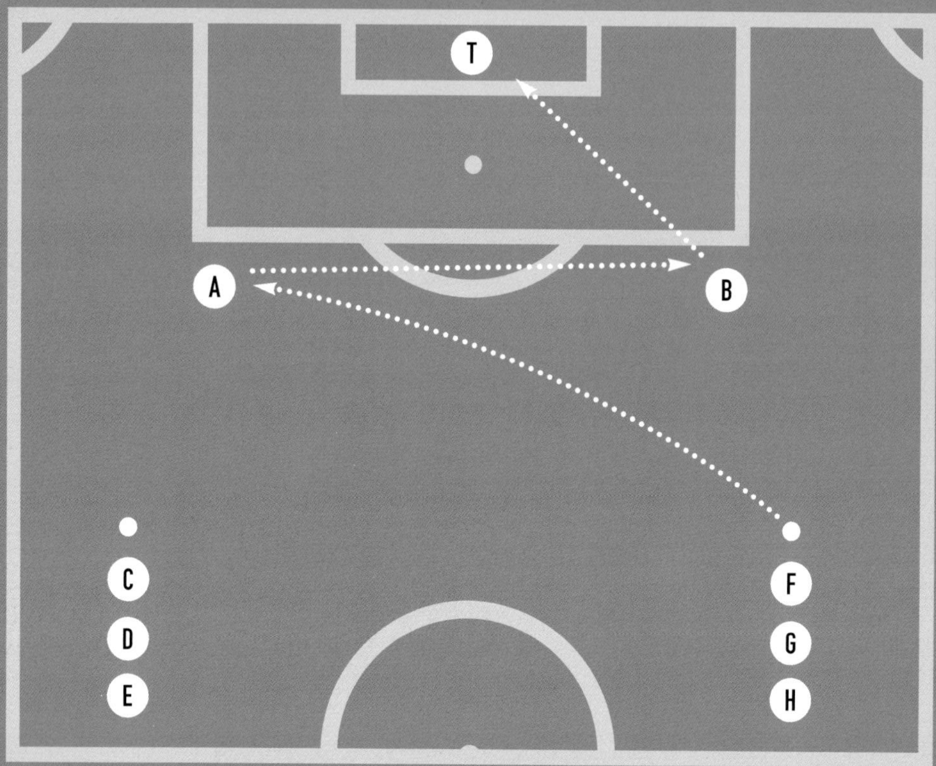

47 TORSCHUSSTRAINING

SO LÄUFT'S

A ERHÄLT EINE FLANKE VON F UND LEGT FÜR B ZUM TORSCHUSS AUF.
DIE GLEICHE ÜBUNG VON DER ANDEREN SEITE.

DAS WIRD BENÖTIGT

2 GRUPPEN MIT JE 4 SPIELERN, 1 TORWART, 1 BALL

TRAININGSZIEL

GENAUES FLANKEN, BALLANNAHME, GENAUE VORLAGE FÜR TORSCHUSS

ÜBUNGSDAUER

10 MINUTEN

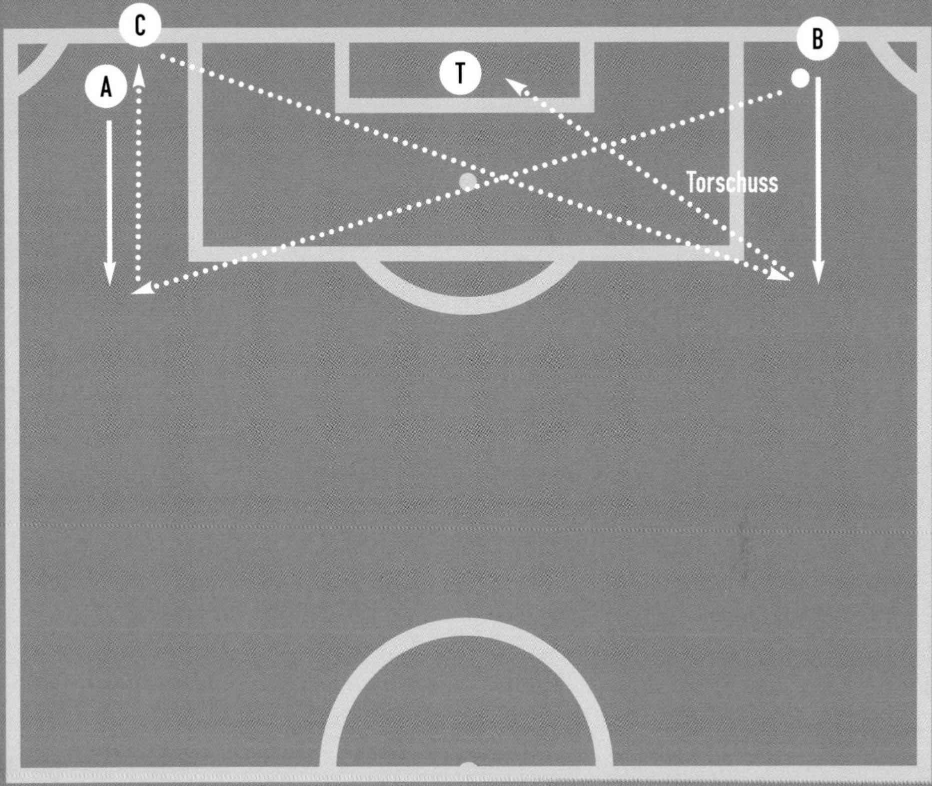

TORSCHUSSTRAINING 48

SO LÄUFT'S

A LÄUFT AN DIE ECKE DES STRAFRAUMS UND ERHÄLT DEN BALL VON B. PASS ZURÜCK AUF C, WELCHER WIEDERUM AUF B SPIELT. TORSCHUSS.

DAS WIRD BENÖTIGT

1 GRUPPE BESTEHEND AUS 3 SPIELERN, 1 TORWART, 1 BALL

TRAININGSZIEL

GENAUES PASSEN, SCHNELLES SPIEL, TORSCHUSS

ÜBUNGSDAUER

5 DURCHLÄUFE PRO TEAM, DANN SEITENWECHSEL

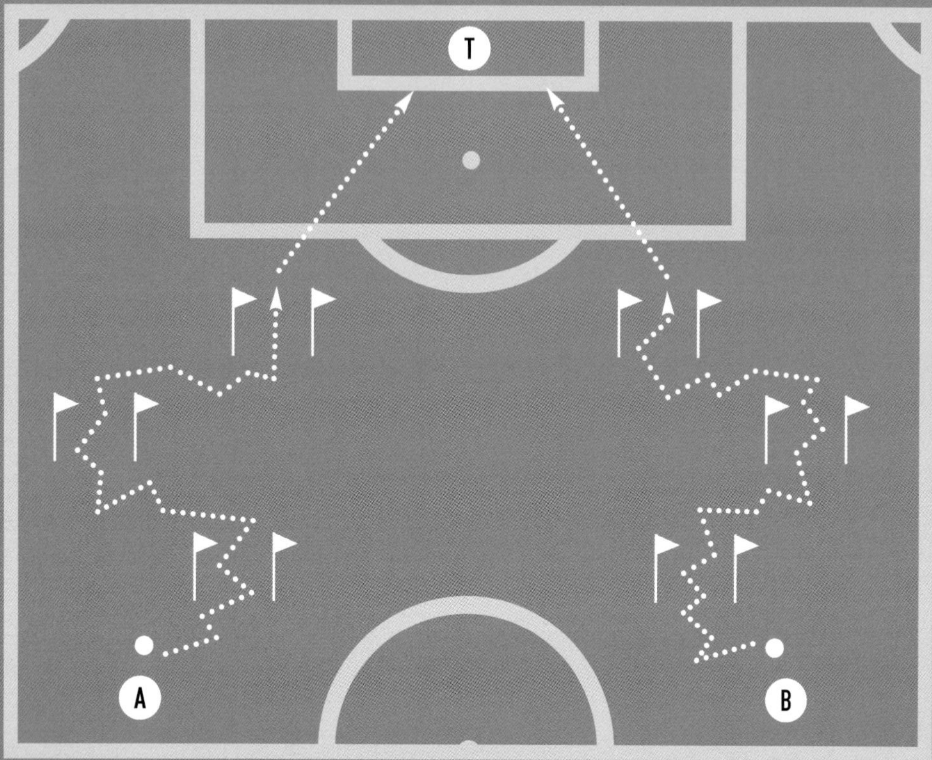

49 TORSCHUSSTRAINING

SO LÄUFT'S

DIE SPIELER FÜHREN DEN BALL DURCH DIE MARKIERUNGEN, UM AM ENDE EINEN GEZIELTEN TORSCHUSS AUSZUFÜHREN.

DAS WIRD BENÖTIGT

2 GRUPPEN, 1 TORWART, 12 MARKIERUNGEN, 1 BALL PRO MANN

TRAININGSZIEL

GESCHICKTE BALLFÜHRUNG, KOORDINATION, BLICK ZUM TOR UND GEZIELTER TORSCHUSS

ÜBUNGSDAUER

5 DURCHLÄUFE

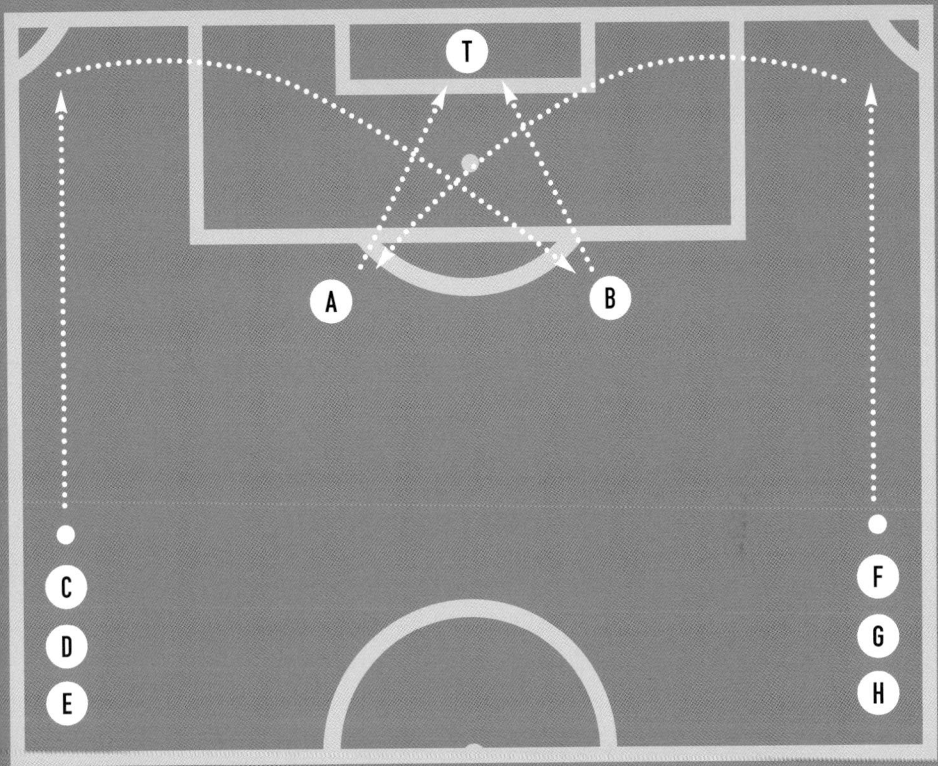

TORSCHUSSTRAINING 50

SO LÄUFT'S

STÜRMER A UND B SIND AM STRAFRAUM UND EMPFANGEN FLANKEN VON BEIDEN SEITEN, JE NACH STELLUNG ZUM TOR WIRD GESCHOSSEN ODER AUF DEN MITSTÜRMER GEPASST.

DAS WIRD BENÖTIGT

2 GRUPPEN BESTEHEND AUS 3 SPIELERN, 2 STÜRMER, 1 TORWART, BÄLLE

TRAININGSZIEL

GENAUE FLANKEN, SPIEL OHNE BALL, BALLANNAHME, TORSCHUSS

ÜBUNGSDAUER

10 MINUTEN

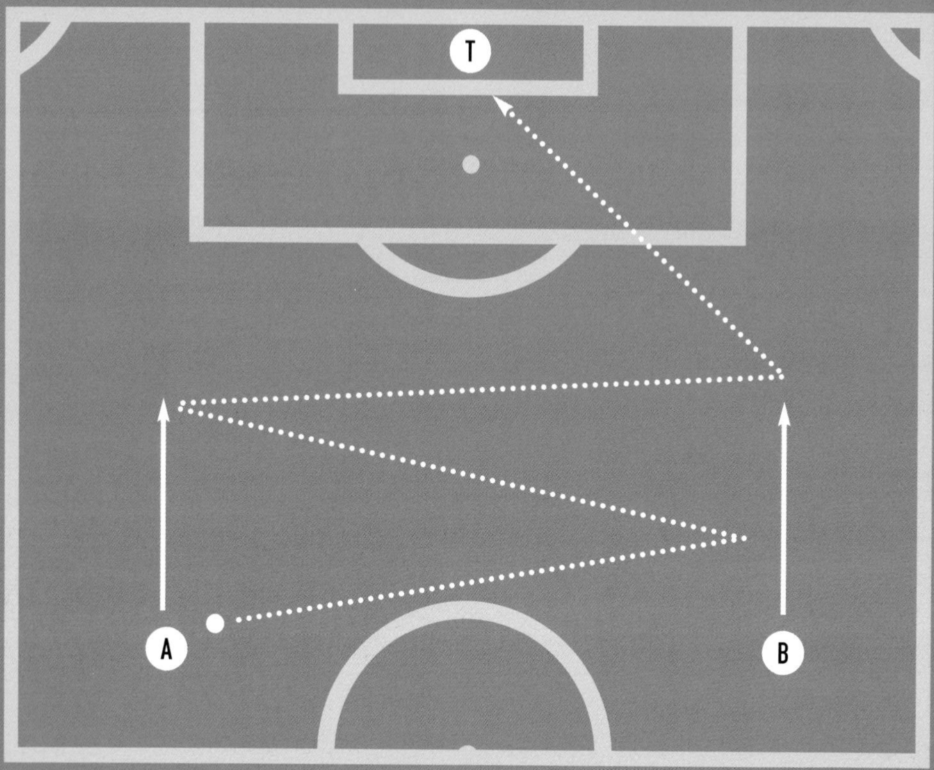

51 TORSCHUSSTRAINING

SO LÄUFT'S

2 SPIELER PASSEN SICH DEN BALL HIN UND HER BIS DER STRAFRAUM ERREICHT WIRD. DANN FOLGT DER SCHUSS.

DAS WIRD BENÖTIGT

2 SPIELER, 1 TORWART, 1 BALL

TRAININGSZIEL

PASSGENAUIGKEIT, DOPPELPASS

ÜBUNGSDAUER

10 DURCHLÄUFE PRO TEAM

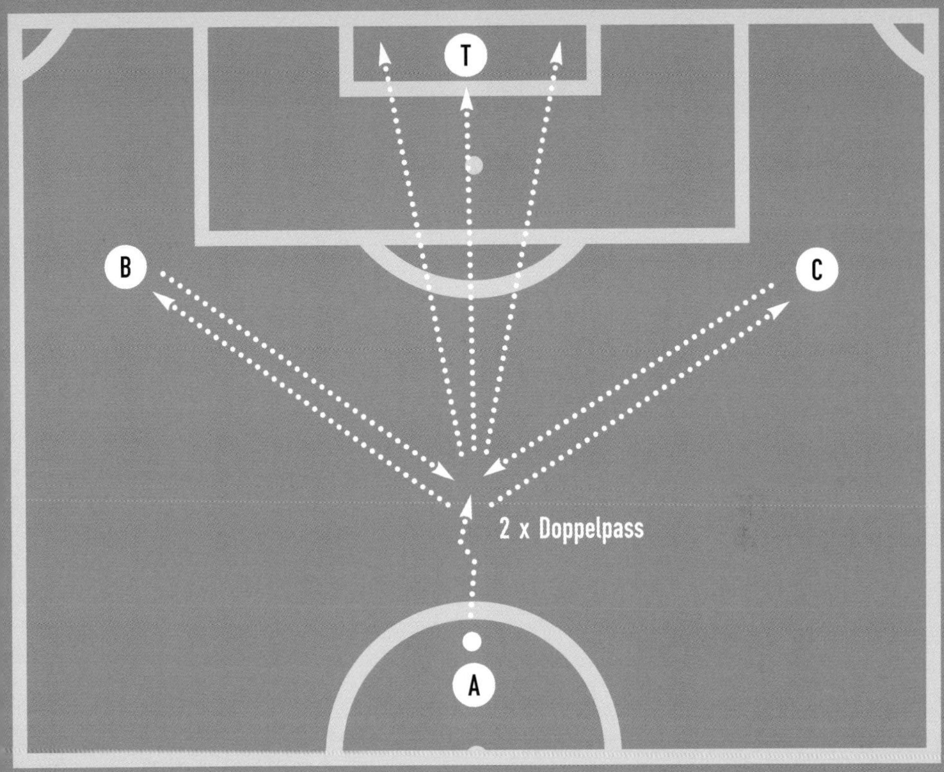

TORSCHUSSTRAINING 52

SO LÄUFT'S

A LÄUFT MIT DEM BALL UND SPIELT ABWECHSELND MIT B UND C DOPPELPASS. DANACH ERFOLGT DER TORSCHUSS.

DAS WIRD BENÖTIGT

3 SPIELER, 1 TORWART, 1 BALL

TRAININGSZIEL

GENAUES DOPPELPASSEN, SCHNELLES UND GUTES ZUSAMMENSPIEL

ÜBUNGSDAUER

10 MINUTEN

WICHTIG!
STETS IN BEWEGUNG BLEIBEN!

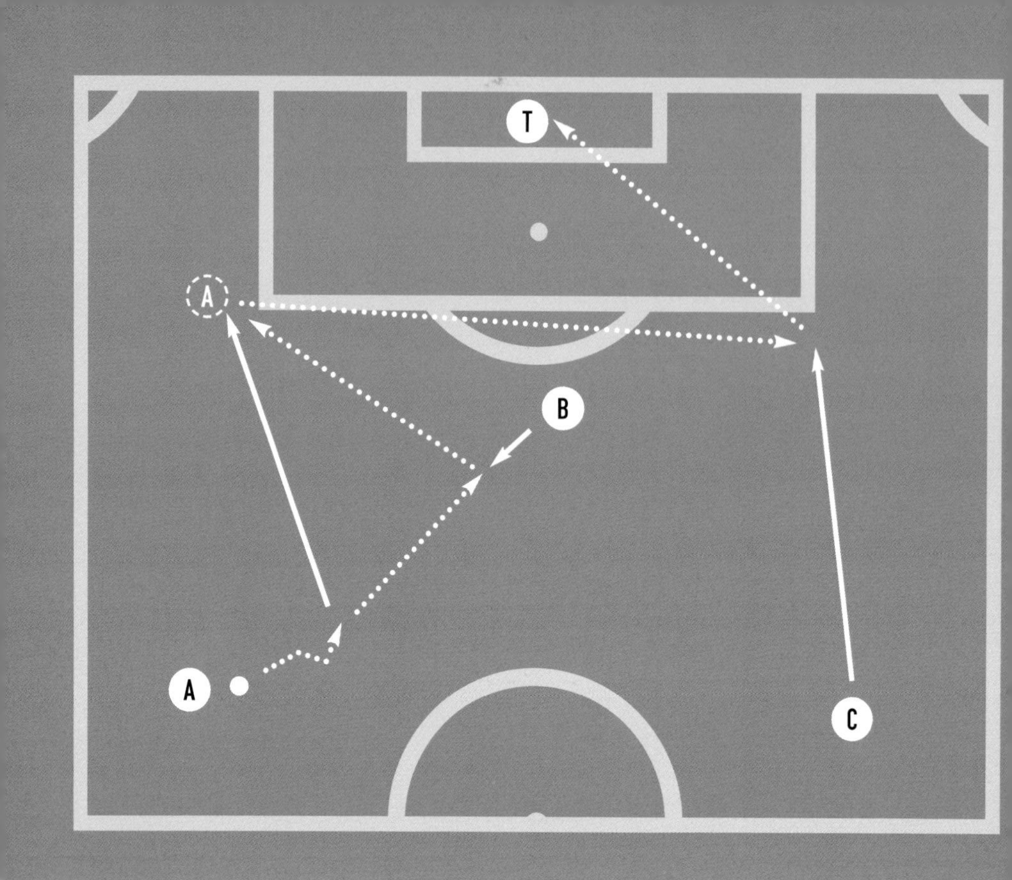

53 TORSCHUSSTRAINING

SO LÄUFT'S

A SPIELT DOPPELPASS MIT B. QUERPASS AUF C. DANN FOLGT DER TORSCHUSS.

DAS WIRD BENÖTIGT

3 SPIELER, 1 TORWART, 1 BALL

TRAININGSZIEL

KOMBINATIONSSPIEL, TEAMWORK, SCHNELLE BEWEGUNG MIT UND OHNE BALL

ÜBUNGSDAUER

5 DURCHLÄUFE PRO TEAM

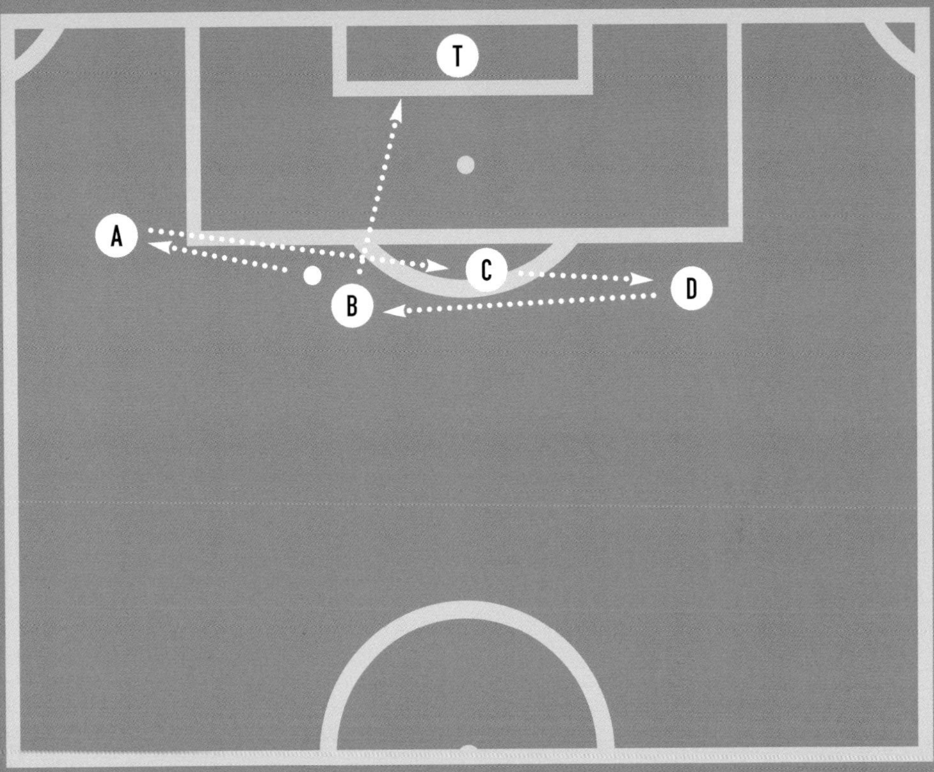

TORSCHUSSTRAINING 54

SO LÄUFT'S

4 SPIELER PASSEN SICH KURZ VOR DEM STRAFRAUM DEN BALL HIN UND HER. SOBALD SICH EINE GÜNSTIGE MÖGLICHKEIT ERGIBT, ERFOLGT DER TORSCHUSS.

DAS WIRD BENÖTIGT

4 SPIELER, 1 TORWART, 1 BALL

TRAININGSZIEL

GENAUES ZUSPIEL, KREATIVES TEAMWORK, AUCH VORLAGEN DURCH KOPFBALL

ÜBUNGSDAUER

10 MINUTEN

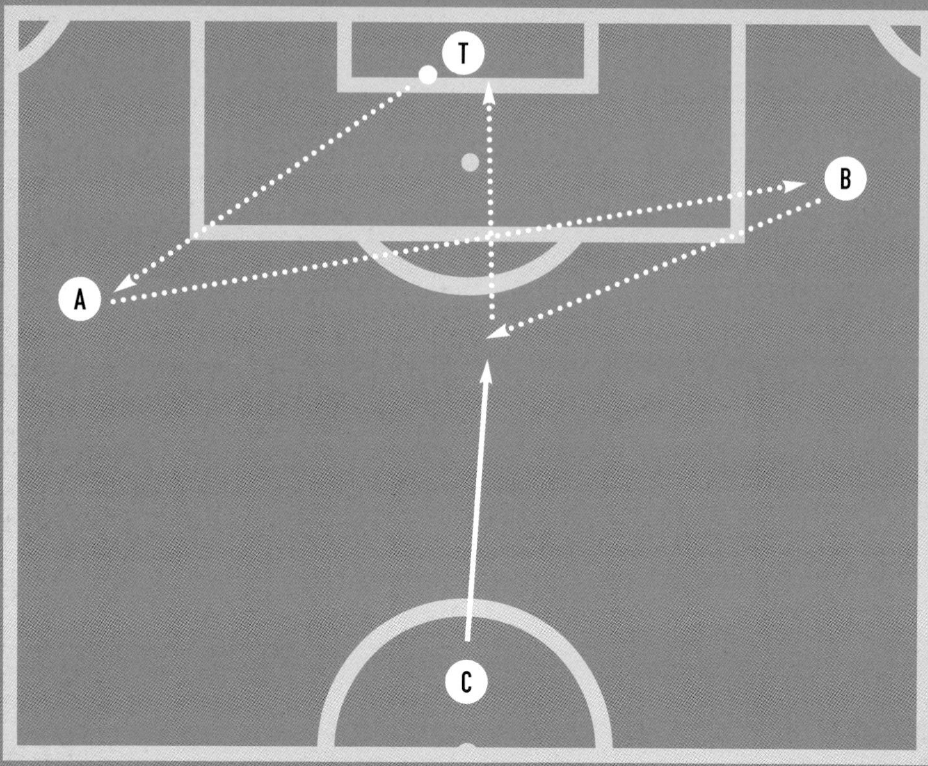

55 TORSCHUSSTRAINING

SO LÄUFT'S

TORWART SPIELT AUF A. A DIREKT AUF B. B DIREKT AUF C. ES FOLGT EIN TORSCHUSS.

DAS WIRD BENÖTIGT

3 SPIELER, 1 TORWART, 1 BALL

TRAININGSZIEL

KOMBINATIONSSPIEL, TEAMWORK,
SCHNELLE UND GEZIELTE PÄSSE

ÜBUNGSDAUER

5 DURCHLÄUFE PRO TEAM

WICHTIG!
GENAUES PASSEN!

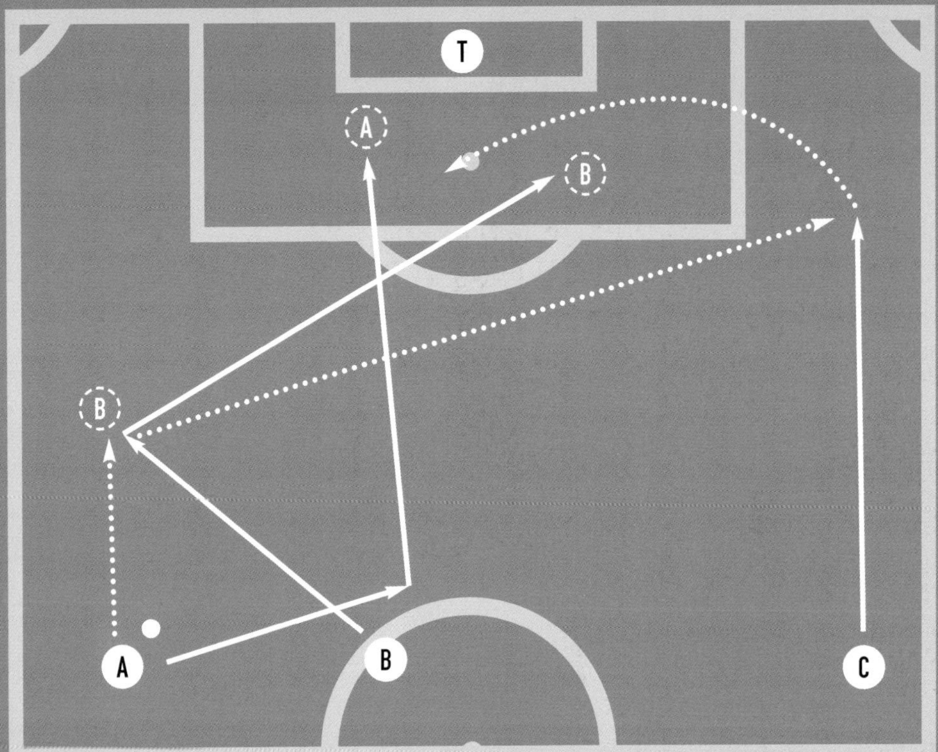

TORSCHUSSTRAINING 56

SO LÄUFT'S

A SPIELT GERADEN PASS NACH VORNE AUF FREI LAUFENDEN B. B PASST AUF C. C FLANKT AUF A ODER B IN DEN STRAFRAUM. SCHUSS ODER KOPFBALL AUF DAS TOR.

DAS WIRD BENÖTIGT

3 SPIELER, 1 TORWART, 1 BALL

TRAININGSZIEL

PASSKOMBINATIONSSPIEL UND GUTE FLANKEN

ÜBUNGSDAUER

4 DURCHLÄUFE PRO TEAM

WICHTIG!
SPIELERN ABLAUF GENAU BESCHREIBEN!

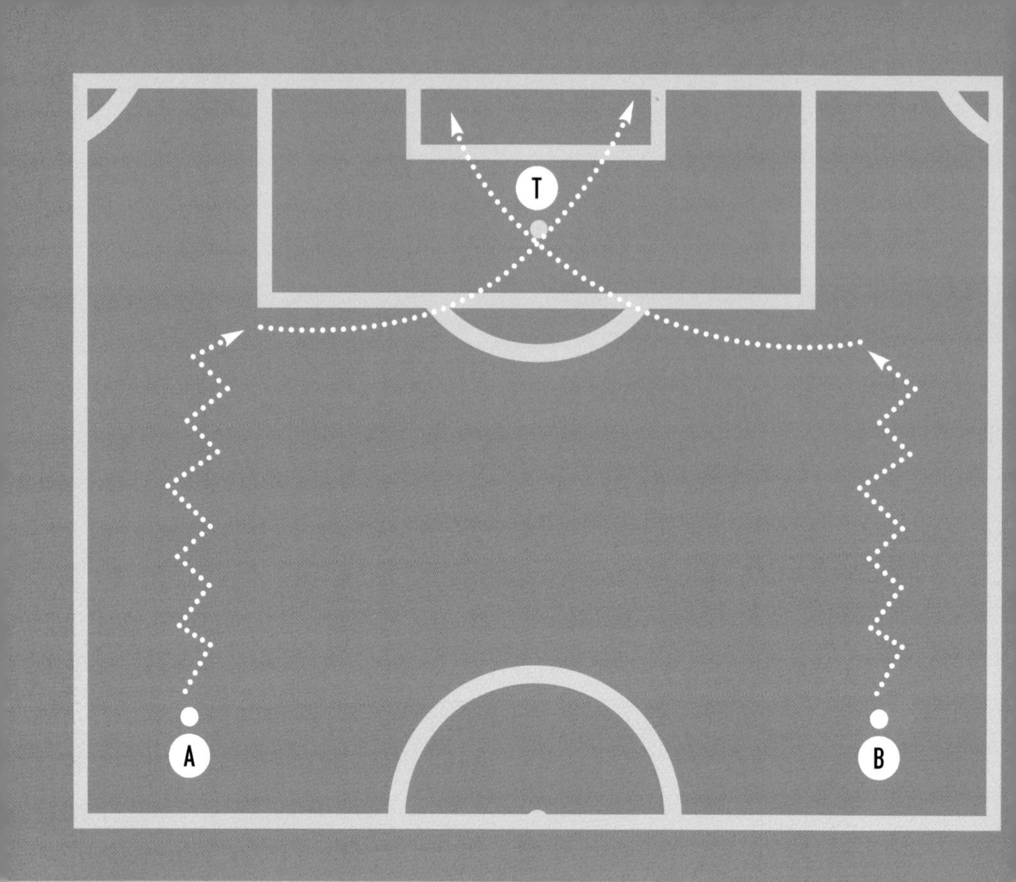

57 TORSCHUSSTRAINING

SO LÄUFT'S

A UND B FÜHREN DEN BALL ZUM STRAFRAUMECK.
ES FOLGT EIN TORSCHUSS INS LANGE TORECK.

DAS WIRD BENÖTIGT

2 SPIELER, 1 TORWART, 2 BÄLLE

TRAININGSZIEL

GEZIELTER TORSCHUSS

ÜBUNGSDAUER

8 MINUTEN

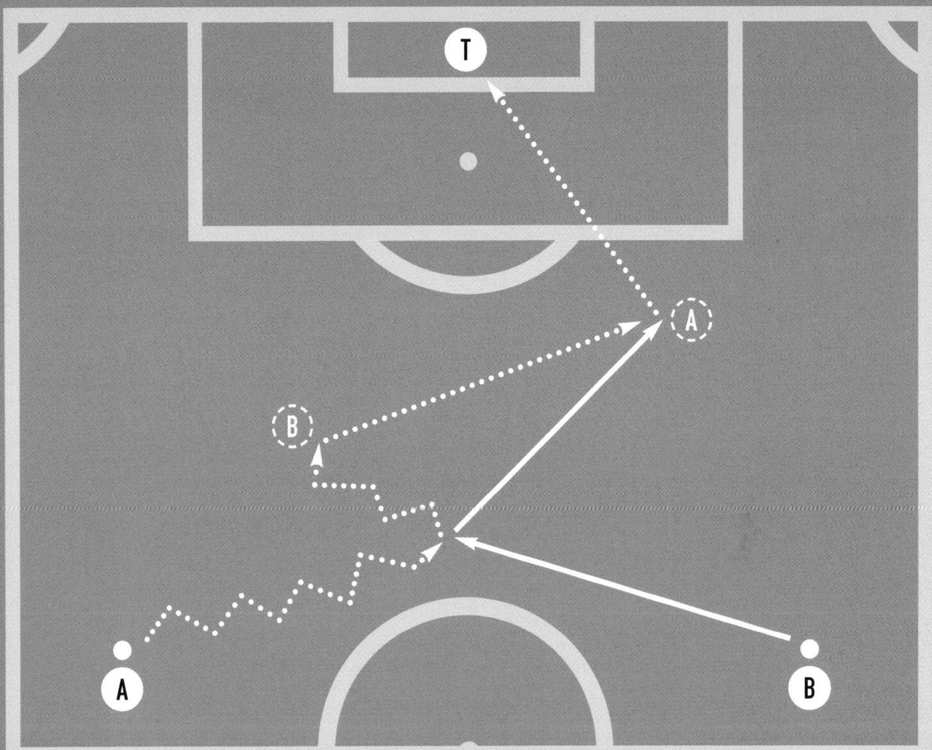

TORSCHUSSTRAINING 58

SO LÄUFT'S

A FÜHRT DEN BALL. BALLABGABE AN B. DIESER FÜHRT DEN BALL WEITER UND SPIELT EINEN QUERPASS AUF A. A SCHLIESST MIT EINEM TORSCHUSS AB.

DAS WIRD BENÖTIGT

2 SPIELER, 1 TORWART, 1 BALL

TRAININGSZIEL

PASSKOMBINATIONSSPIEL, POSITIONSWECHSEL

ÜBUNGSDAUER

6 MINUTEN

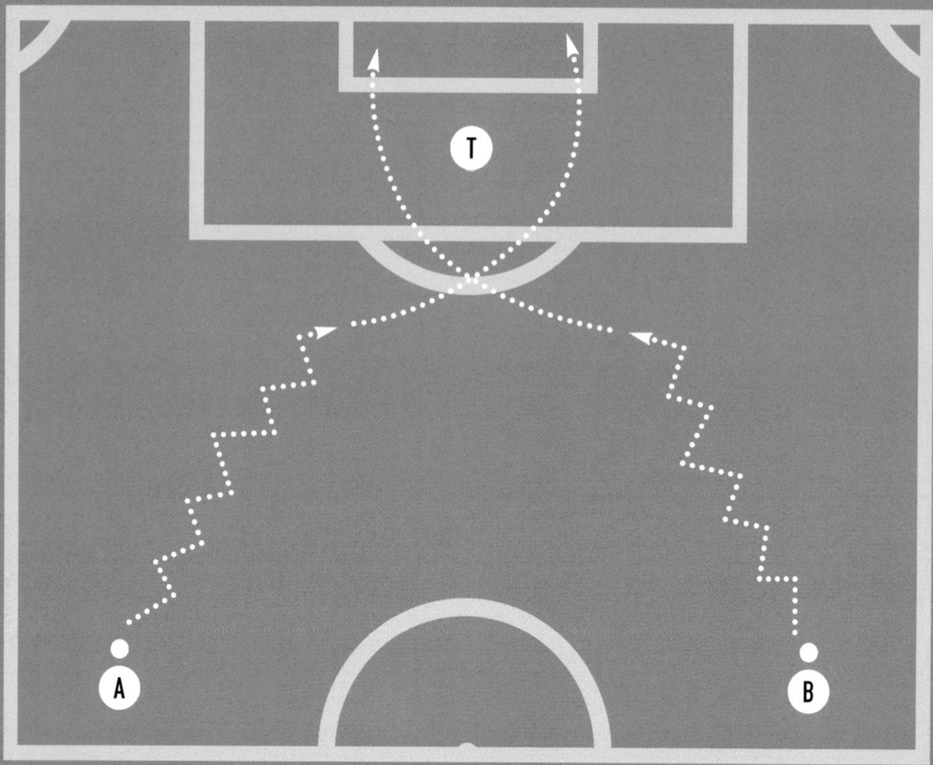

59 TORSCHUSSTRAINING

SO LÄUFT'S

A UND B FÜHREN DEN BALL ZUM STRAFRAUM UND HEBEN AUS VOLLEM LAUF DEN BALL ÜBER DEN TORWART HINWEG.

DAS WIRD BENÖTIGT

2 SPIELER, 1 TORWART, 2 BÄLLE

TRAININGSZIEL

BALLGEFÜHL, GEZIELTER TORSCHUSS

ÜBUNGSDAUER

8 MINUTEN

WICHTIG!
TRAINING MIT FORTGESCHRITTENEN SPIELERN

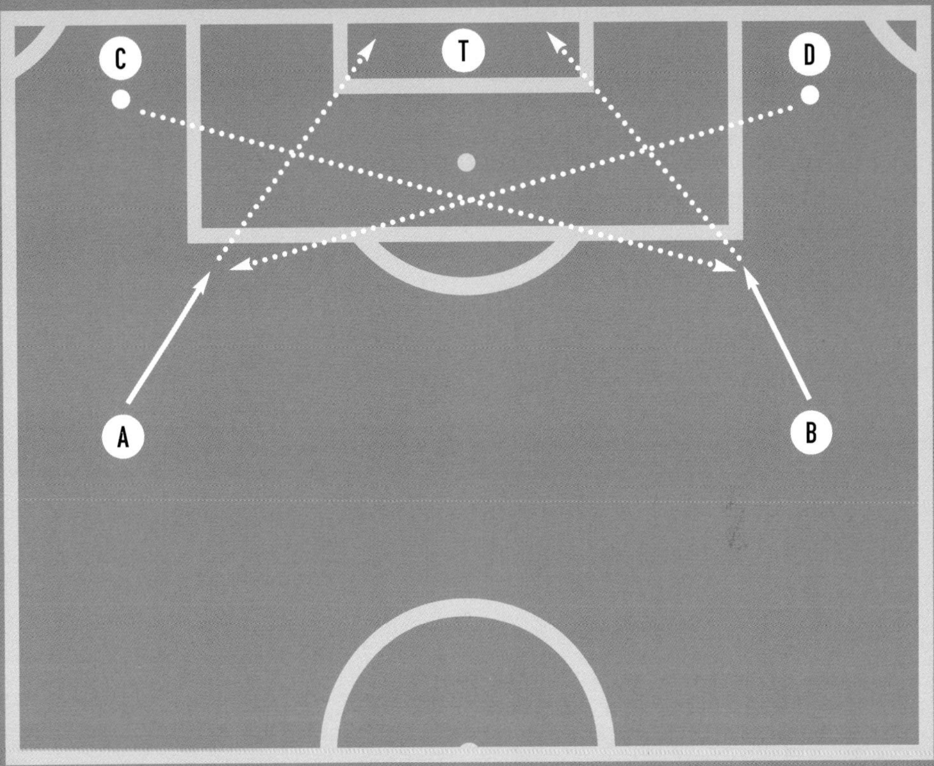

TORSCHUSSTRAINING 60

SO LÄUFT'S

A UND B BEKOMMEN VORLAGEN FÜR EINEN TORSCHUSS VON C UND D.

DAS WIRD BENÖTIGT

4 SPIELER, 1 TORWART, 2 BÄLLE

TRAININGSZIEL

HOHE UND FLACHE PÄSSE, GEZIELTER TORSCHUSS

ÜBUNGSDAUER

10 MINUTEN

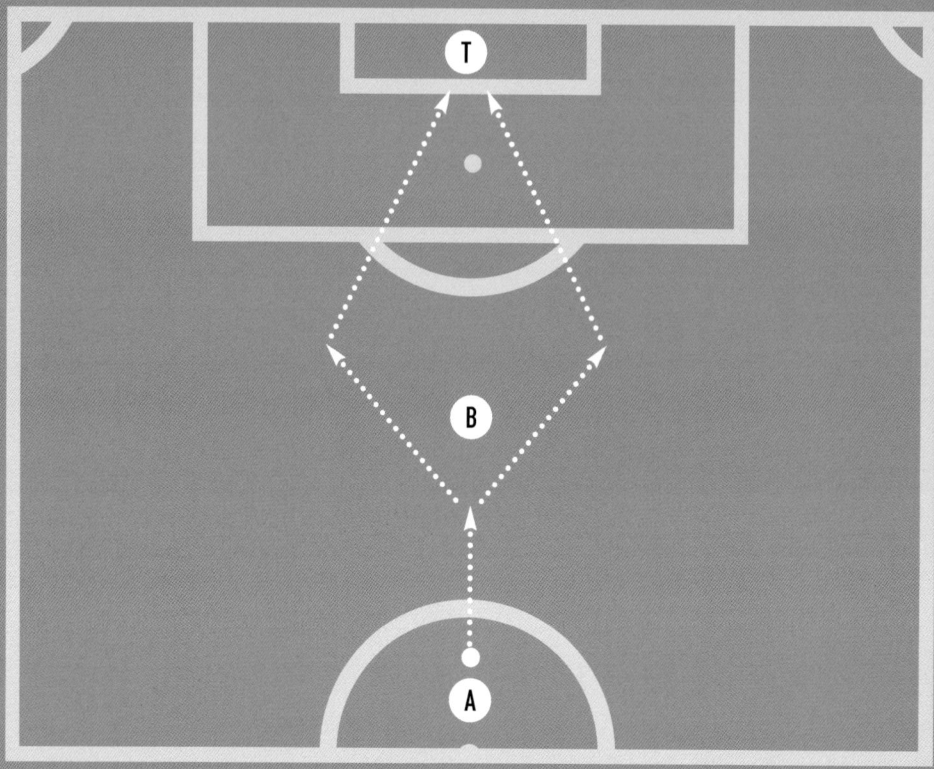

61 TORSCHUSSTRAINING

SO LÄUFT'S

STÜRMER A VERSUCHT VERTEIDIGER B AUSZUSPIELEN, UM EINEN TORSCHUSS ZU ERREICHEN.

DAS WIRD BENÖTIGT

2 SPIELER, 1 TORWART, 1 BALL

TRAININGSZIEL

DRIBBLING, BALLBEHERRSCHUNG, KÖRPERFINTEN, TORSCHUSS

ÜBUNGSDAUER

5 DURCHLÄUFE

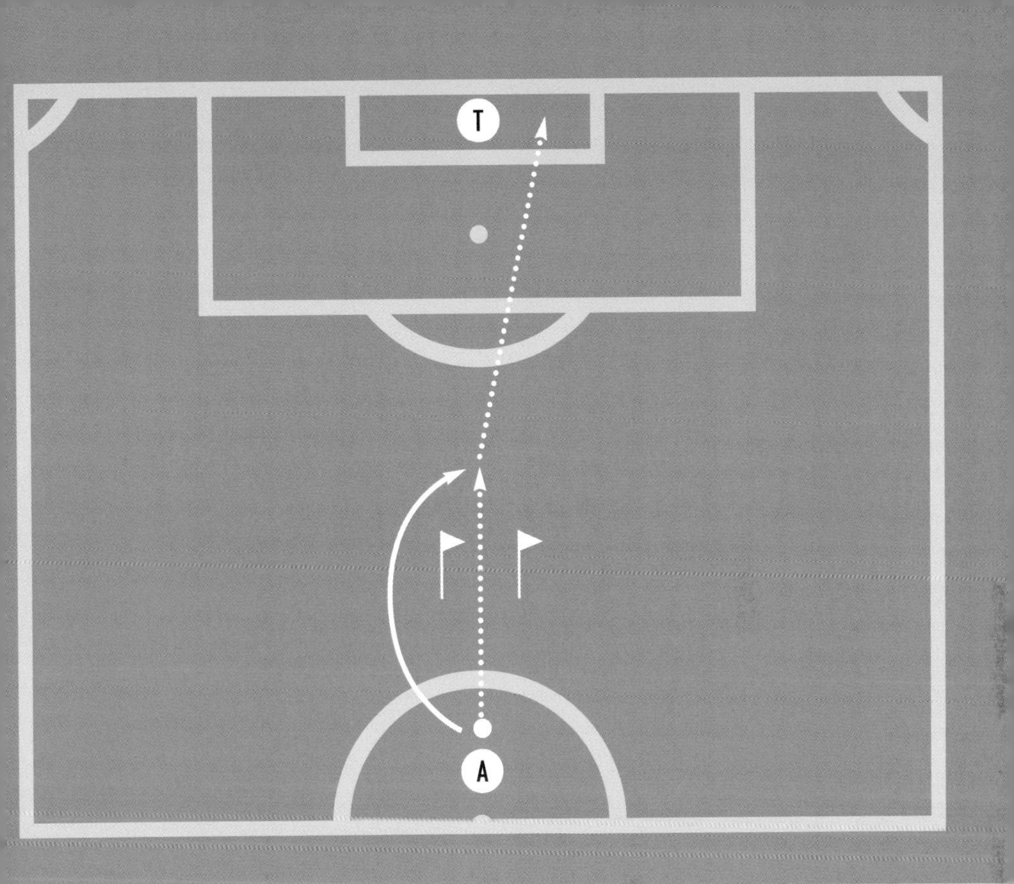

TORSCHUSSTRAINING 62

SO LÄUFT'S
A SPIELT DEN BALL DURCH DIE MARKIERUNGEN, UMLÄUFT DIESE UND SCHIESST DIREKT AUFS TOR.

DAS WIRD BENÖTIGT
1 SPIELER, 1 TORWART, 2 MARKIERUNGEN, 1 BALL

TRAININGSZIEL
GENAUES ZIELEN, BALLBEHERRSCHUNG

ÜBUNGSDAUER
5 DURCHLÄUFE

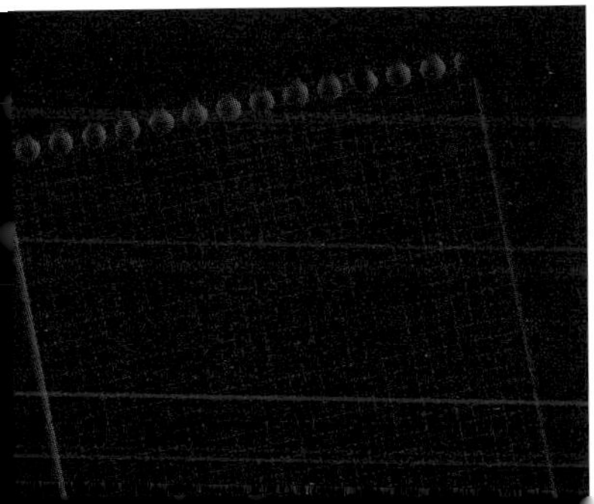

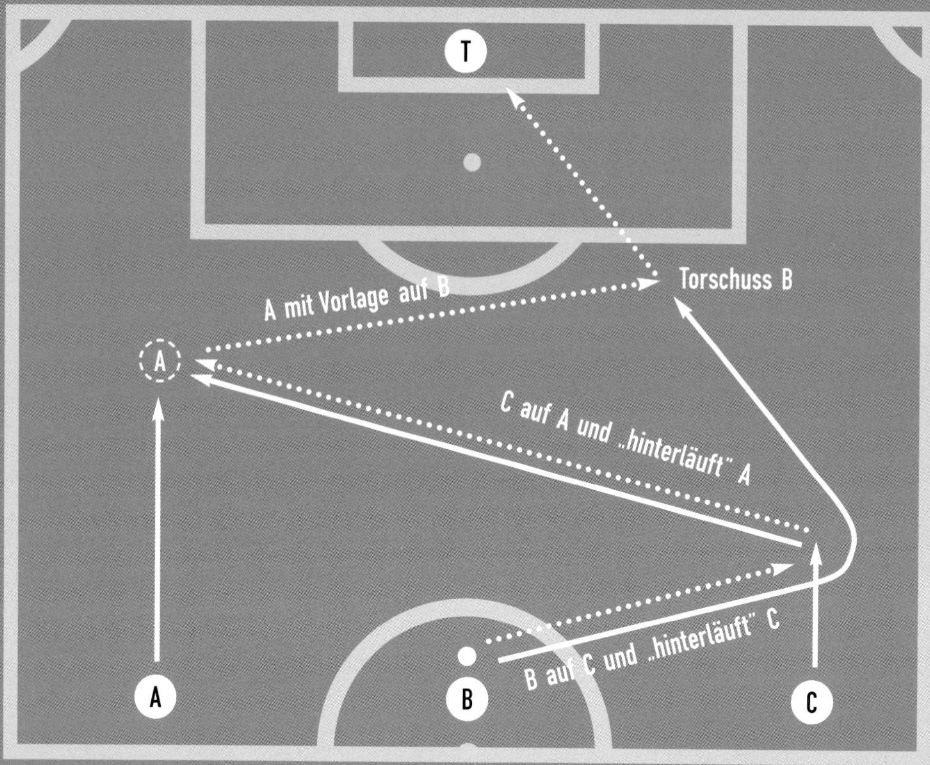

63 TORSCHUSSTRAINING

SO LÄUFT'S

3 SPIELER AN DER MITTELLINIE. B PASST AUF C UND NIMMT DESSEN POSITION EIN. C SPIELT EBENSO MIT A. A PASST AUF B ZUM TORSCHUSS.

DAS WIRD BENÖTIGT

3 SPIELER, 1 TORWART, 1 BALL

TRAININGSZIEL

KOMBINATIONSSPIEL, DIREKTE UND GENAUE PÄSSE, GEZIELTER TORSCHUSS

ÜBUNGSDAUER

3 DURCHLÄUFE PRO TEAM

WICHTIG!
GENAU PASSEN!

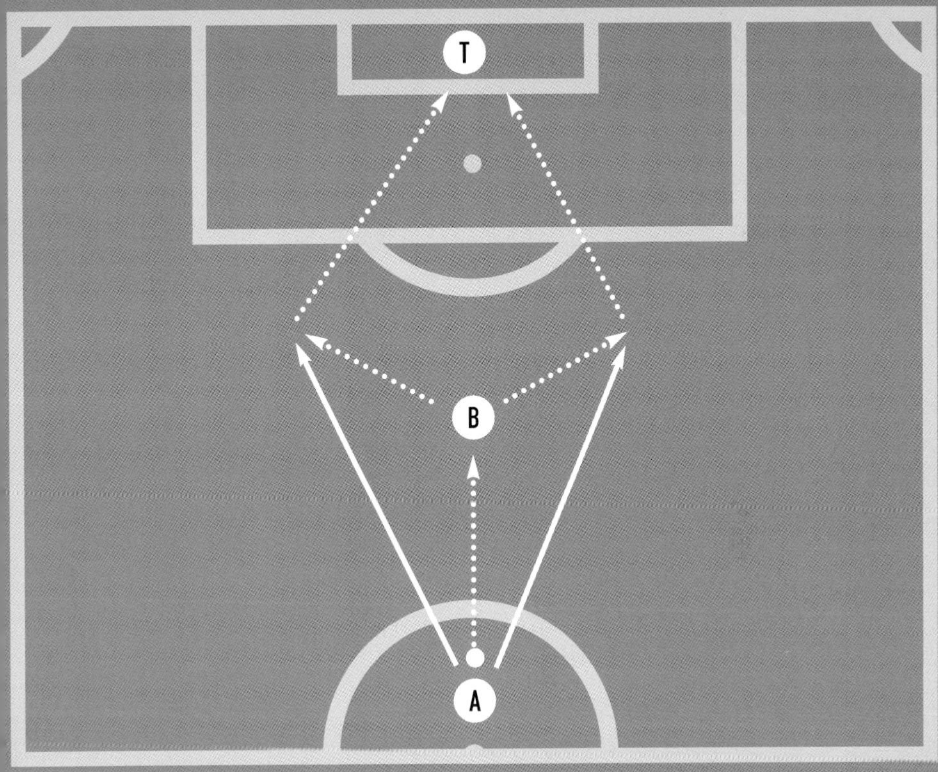

TORSCHUSSTRAINING 64

SO LÄUFT'S

A SPIELT AUF B UND ERHÄLT EINE VORLAGE FÜR EINEN TORSCHUSS. ABWECHSELND LINKS ODER RECHTS, FLACHER ODER HOHER BALL.

DAS WIRD BENÖTIGT

2 SPIELER, 1 TORWART, 1 BALL

TRAININGSZIEL

HOHE UND FLACHE PÄSSE, BALLAUFNAHME, GEZIELTER TORSCHUSS

ÜBUNGSDAUER

5 DURCHLÄUFE

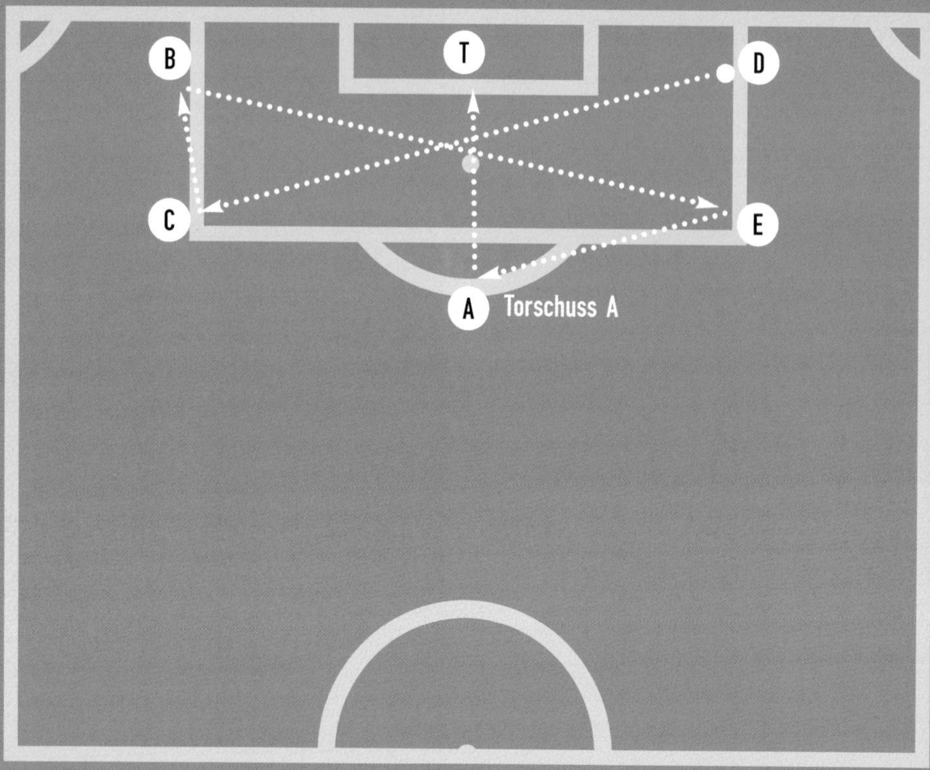

65 TORSCHUSSTRAINING

SO LÄUFT'S

4 SPIELER PASSEN SICH AM STRAFRAUM DEN BALL HIN UND HER.
AM ENDE DES PASSSPIELS ERFOLGT EINE VORLAGE FÜR A ZUM TORSCHUSS.

DAS WIRD BENÖTIGT

5 SPIELER, 1 TORWART, 1 BALL

TRAININGSZIEL

KOMBINATIONSSPIEL, GENAUE PÄSSE,
GUTE VORLAGE, DIREKTER TORSCHUSS

ÜBUNGSDAUER

10 MINUTEN

WICHTIG!
GENAU PASSEN!
DIREKTER TORSCHUSS!

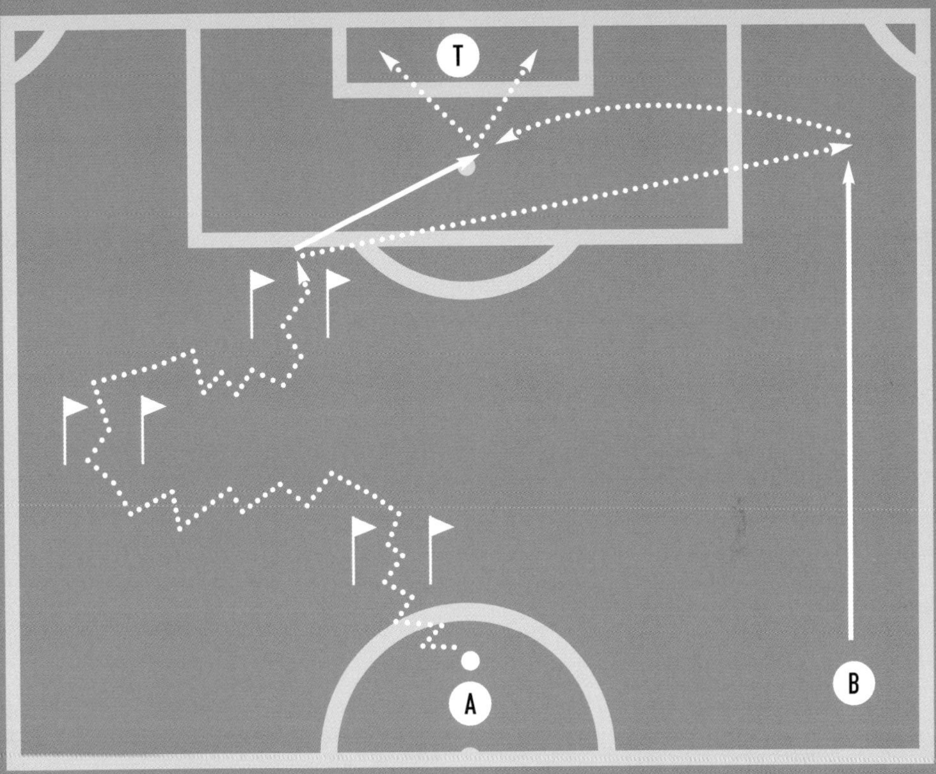

TORSCHUSSTRAINING 66

SO LÄUFT'S

SPIELER A FÜHRT DEN BALL SCHNELL DURCH DIE MARKIERUNGEN. AN DER STRAFRAUMGRENZE ERFOLGT EIN STEILPASS AUF B. DIESER FLANKT ZURÜCK AUF A, DER DAS SPIEL WAHLWEISE MIT EINEM KOPFBALL ODER (VOLLEY-) SCHUSS BEENDET.

DAS WIRD BENÖTIGT

2 SPIELER, 1 TORWART, 1 BALL, 6 MARKIERUNGEN

TRAININGSZIEL

BALLFÜHRUNG, FLANKEN, GUTER ABSCHLUSS

WICHTIG! GENAU PASSEN!

ÜBUNGSDAUER

5 DURCHLÄUFE

TORWARTTRAINING

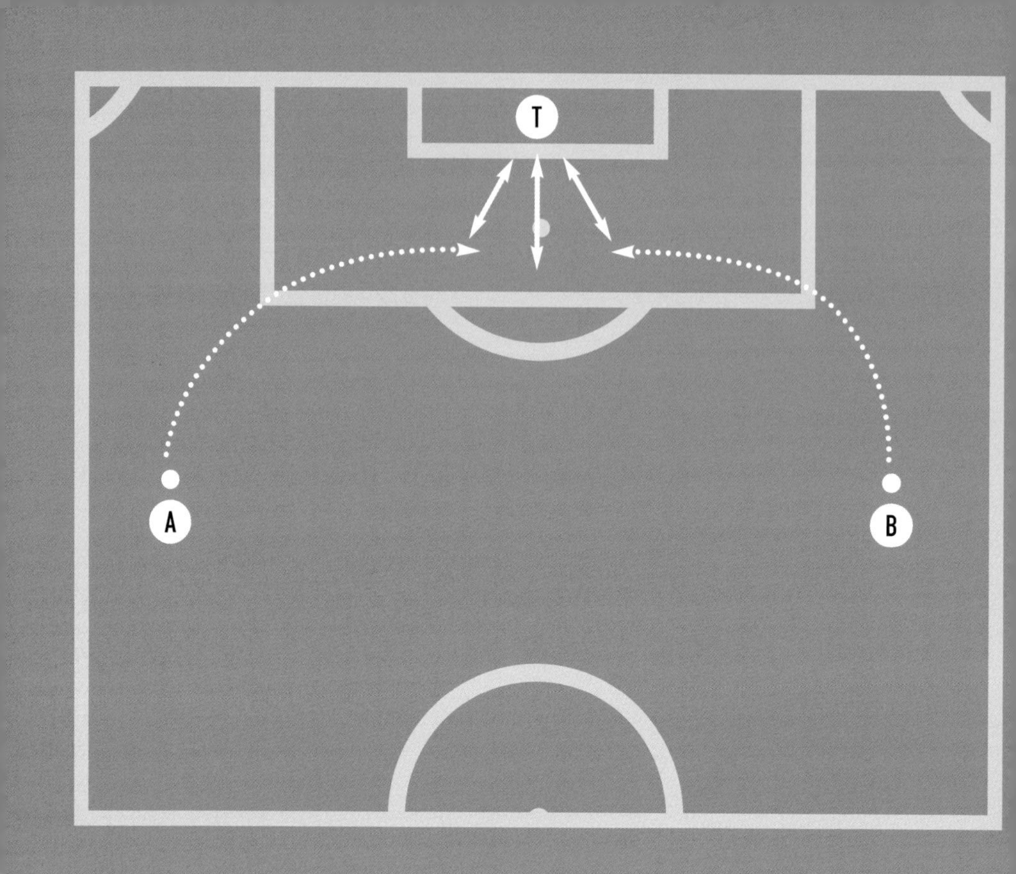

67 TORWARTTRAINING

SO LÄUFT'S

A UND B FLANKEN HOCH UND SCHARF IN DIE MITTE DES STRAFRAUMS. DER TORWART VERSUCHT DEN BALL AUS DEM STRAFRAUM ZU BOXEN. ABWECHSELND MIT EINER HAND ODER MIT BEIDEN HÄNDEN.

DAS WIRD BENÖTIGT

2 SPIELER, 1 TORWART, 2 BÄLLE

TRAININGSZIEL

FAUST- UND BOXABWEHR DES TORWARTS, FLANKEN

ÜBUNGSDAUER

5 MINUTEN

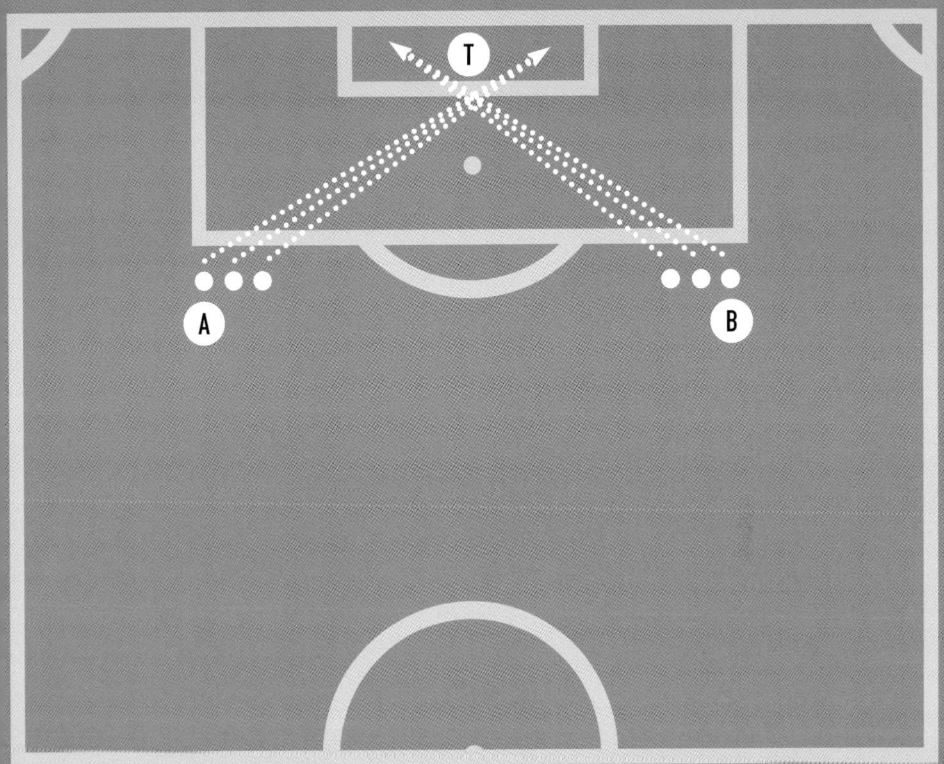

TORWARTTRAINING 68

SO LÄUFT'S

2 SPIELER GEBEN ABWECHSELND JEWEILS VOM STRAFRAUMECK 3 SCHÜSSE AUF DIE LANGE ECKE DES TORES AB. DER TORWART HAT HIER NUR EINE MINIMALE ERHOLUNGSZEIT, UM SICH AUF DEN NÄCHSTEN SCHUSS VORZUBEREITEN.

DAS WIRD BENÖTIGT

2 SPIELER, 1 TORWART, 6 BÄLLE

TRAININGSZIEL

SCHNELLE TORWARTREAKTION UND BEWEGUNG VON EINER ECKE ZUR ANDEREN

ÜBUNGSDAUER

2 DURCHLÄUFE, JE 6 SCHUSS

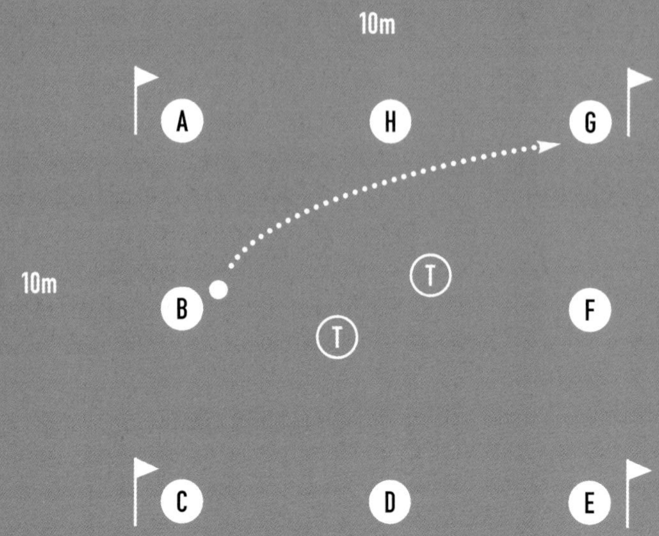

69 TORWARTTRAINING

SO LÄUFT'S

8 SPIELER VERSUCHEN SICH DEN BALL INNERHALB EINES 10 x 10 METER GROSSEN FELDES ZUZUPASSEN. DIE BEIDEN TORWARTE IN DER MITTE VERSUCHEN DABEI DEN BALL MIT DEN HÄNDEN ODER FÜSSEN AB- ODER AUFZUFANGEN.

DAS WIRD BENÖTIGT

8 SPIELER, 2 TORWARTE, 1 BALL

TRAININGSZIEL

SCHNELLE REAKTION DES TORWARTS

ÜBUNGSDAUER

SPIELERWECHSEL NACH DREIMALIGEM HALTEN

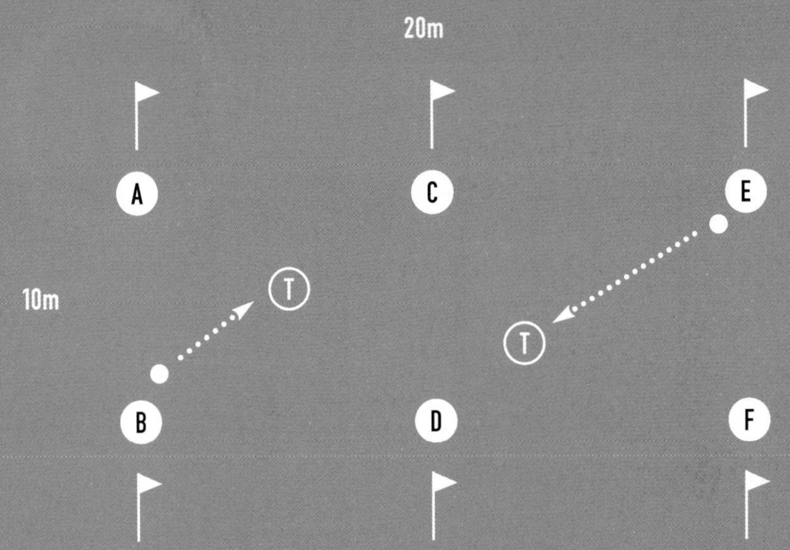

TORWARTTRAINING 70

SO LÄUFT'S

VÖLKERBALL ALS TORWARTTRAINING. 6 SPIELER AN DEN MARKIERUNGEN VERSUCHEN DIE TORWARTE ABZUWERFEN. DIESE WIEDERUM VERSUCHEN DEN BALL ZU FANGEN.

DAS WIRD BENÖTIGT

6 SPIELER, 2 TORWARTE, 2 BÄLLE, 6 MARKIERUNGEN

TRAININGSZIEL

SCHNELLE TORWARTREAKTION UND BEWEGUNG

ÜBUNGSDAUER

10 MINUTEN

71 TORWARTTRAINING

SO LÄUFT'S

2 TORWARTE SCHIESSEN GEGENSEITIG AUFS TOR.

DAS WIRD BENÖTIGT

2 TORWARTE, 1 BALL, 2 TORE

TRAININGSZIEL

GEZIELTE, PRÄZISE ABSTÖSSE, GUTE ABWEHR MIT FAUST ODER FESTGEHALTENEM BALL

ÜBUNGSDAUER

MINDESTENS 20 SCHÜSSE PRO TORWART

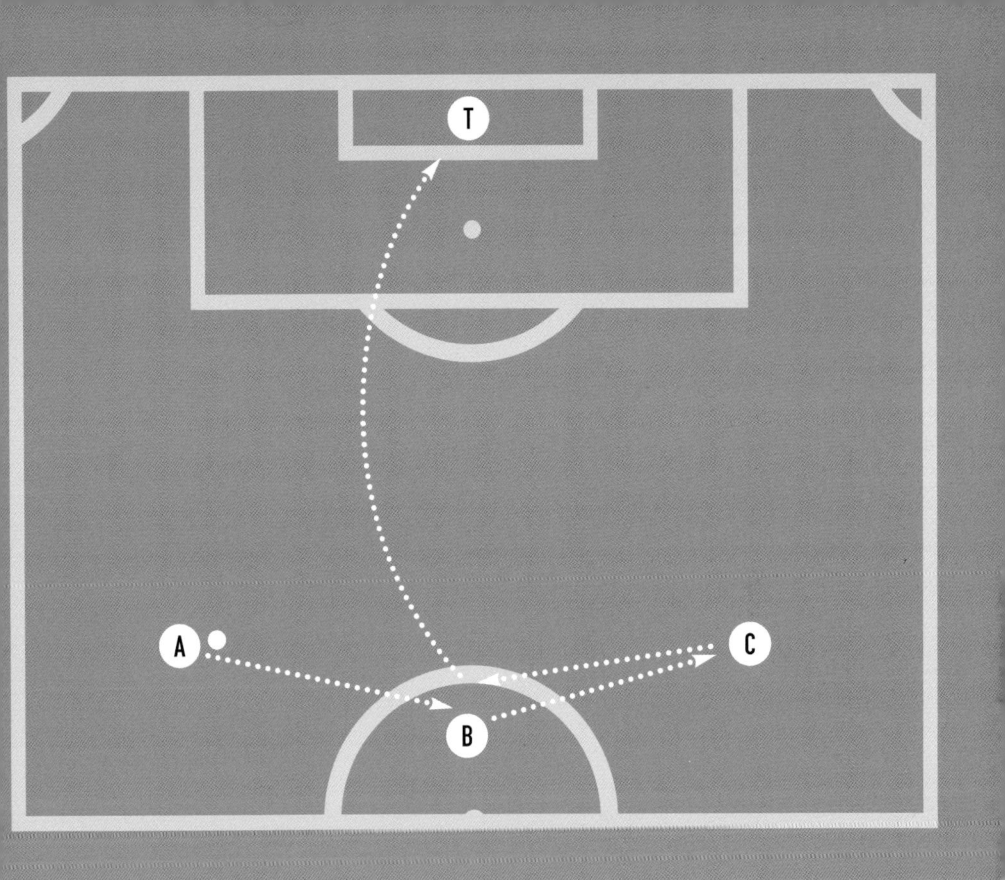

TORWARTTRAINING 72

SO LÄUFT'S

3 SPIELER PASSEN SICH DEN BALL AN DER MITTELLINIE ZU.
BEI PASSENDER AUFLAGE FOLGT EIN GEZIELTER, HOHER SCHUSS AUFS TOR.
DER TORWART BRINGT DEN BALL DURCH EINEN WEITEN WURF WIEDER INS SPIEL.

DAS WIRD BENÖTIGT

3 SPIELER, 1 TORWART, 1 BALL

TRAININGSZIEL

GENAUER PASS, WURF UND SCHNELLER LAUF

ÜBUNGSDAUER

10 MINUTEN

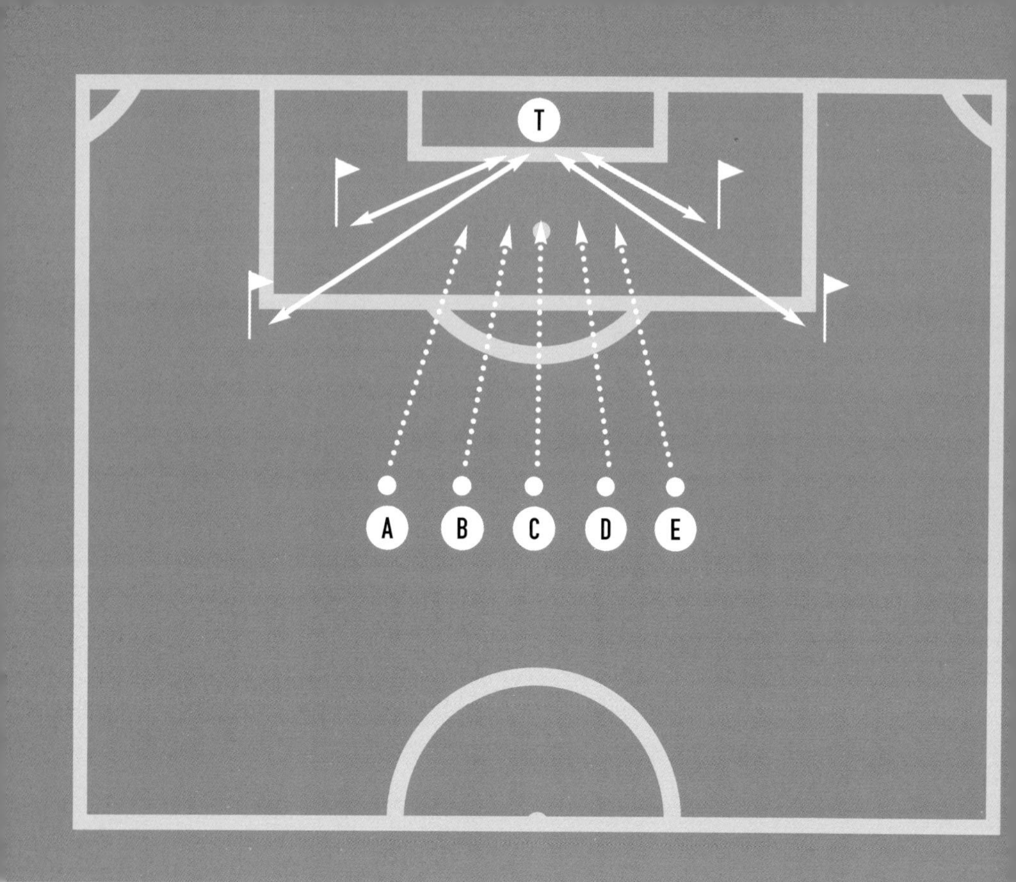

73 TORWARTTRAINING

SO LÄUFT'S

DER TORWART LÄUFT ZU DEN MARKIERUNGEN UND ZURÜCK ZUR TORLINIE. ZWISCHEN JEDER STATION FOLGT EIN TORSCHUSS.

DAS WIRD BENÖTIGT

1 TORWART, 5-8 SPIELER MIT BÄLLEN, 4 MARKIERUNGEN

TRAININGSZIEL

INTENSIVE STRAFRAUMSITUATION FÜR DEN TORWART, SCHULUNG DER SCHNELLIGKEIT, REAKTIONSFÄHIGKEIT

ÜBUNGSDAUER

NACH 6 SCHÜSSEN ERFOLGT WECHSEL ODER PAUSE

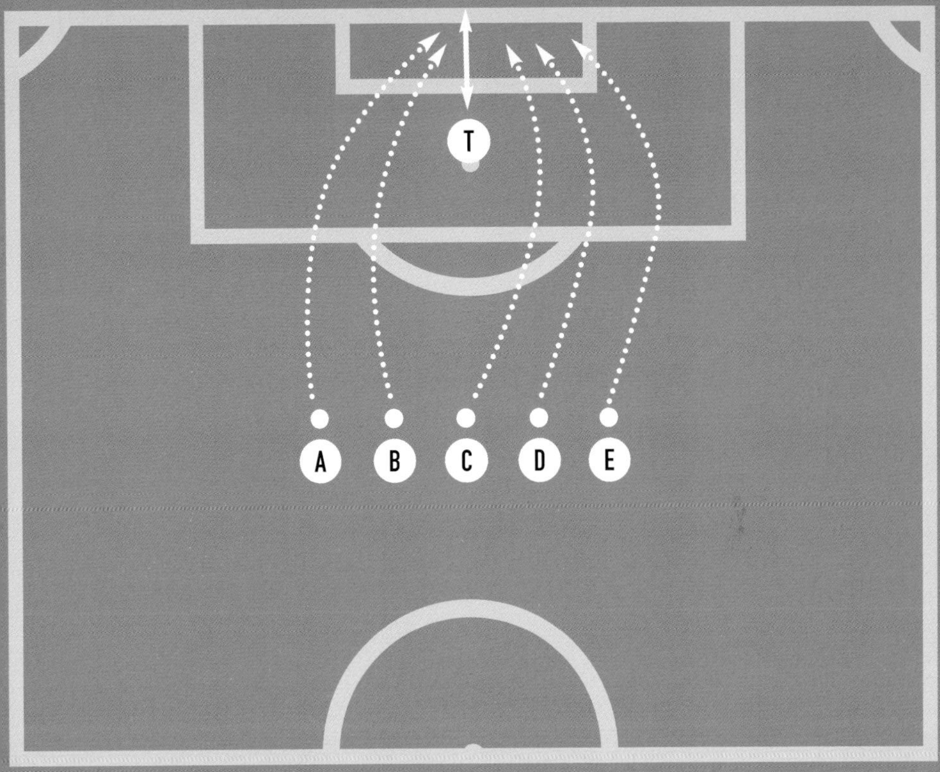

TORWARTTRAINING 74

SO LÄUFT'S

DER TORWART STEHT ZWISCHEN ELFMETERPUNKT UND 5-METERZONE. ER MUSS VERSUCHEN, IM ZURÜCKLAUFEN HOHE BÄLLE ABZUWEHREN.

DAS WIRD BENÖTIGT

5-10 SPIELER MIT BÄLLEN, 1 TORWART

TRAININGSZIEL

GUTE REAKTIONEN, SPRUNG, FAUSTABWEHR, SCHNELLER LAUF

ÜBUNGSDAUER

10 MINUTEN

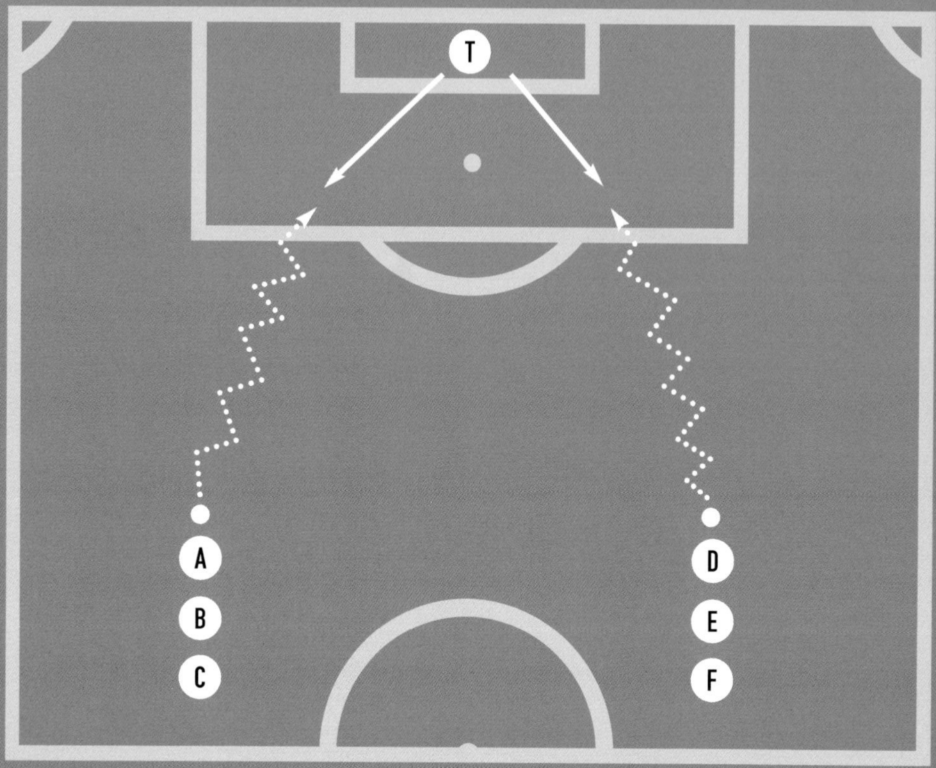

75 TORWARTTRAINING

SO LÄUFT'S

1-ZU-1-SPIEL AM STRAFRAUM. DER TORWART VERSUCHT DEN STÜRMER ABZUFANGEN ODER DIREKT EINEN SCHUSS ABZUWEHREN.

DAS WIRD BENÖTIGT

1 TORWART, SPIELER MIT BÄLLEN

TRAININGSZIEL

INTENSIVE STRAFRAUMSITUATION FÜR DEN TORWART, SCHULUNG DER SCHNELLIGKEIT, REAKTIONSFÄHIGKEIT

ÜBUNGSDAUER

10 MINUTEN

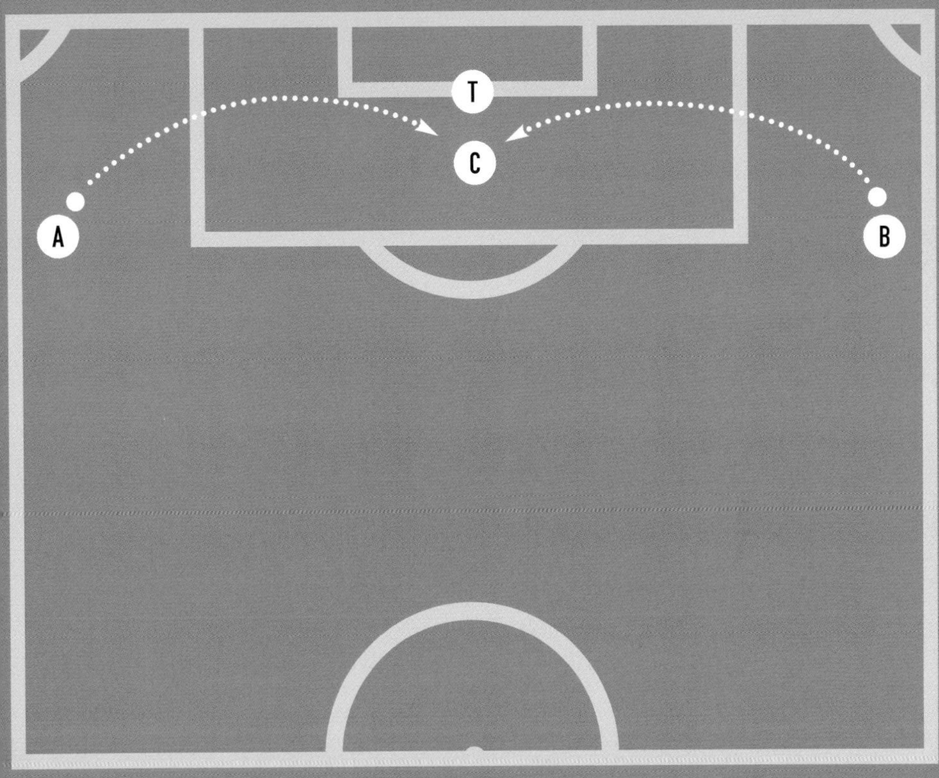

TORWARTTRAINING 76

SO LÄUFT'S

A UND B FLANKEN IN DIE MITTE DES STRAFRAUMS. DORT VERSUCHT DER TORWART DEN BALL VOR DEM WARTENDEN STÜRMER ZU ERREICHEN.

DAS WIRD BENÖTIGT

3 SPIELER, 1 TORWART, 1 BALL

TRAININGSZIEL

GUTE FLANKEN, SPRUNG, FAUSTABWEHR, SCHNELLER LAUF

ÜBUNGSDAUER

5 MINUTEN

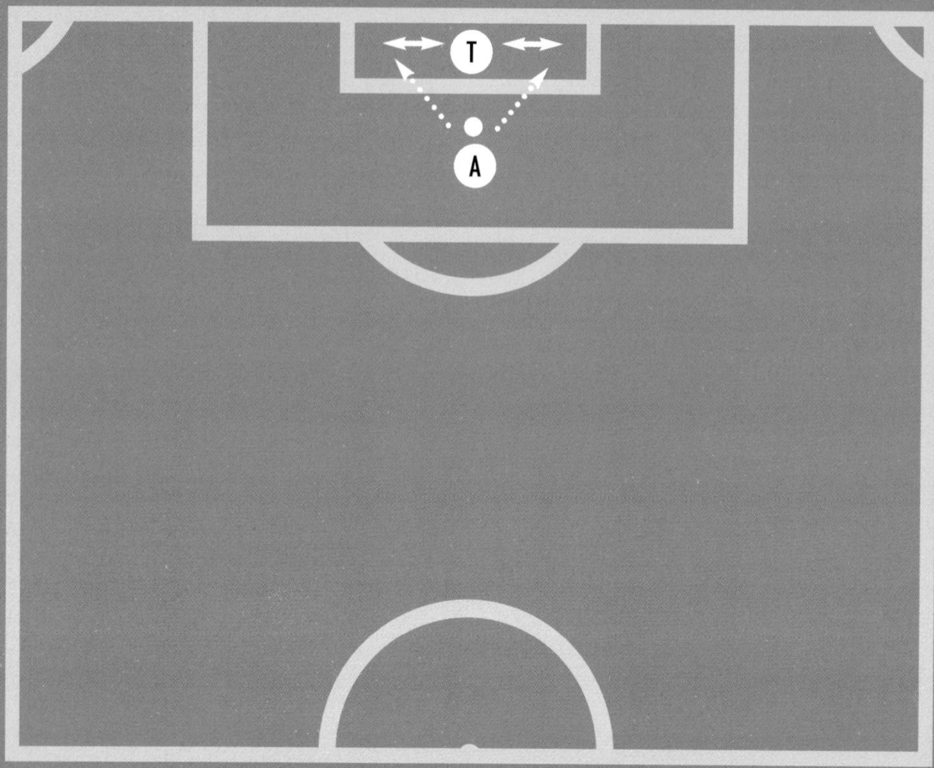

77 TORWARTTRAINING

SO LÄUFT'S

EIN SPIELER ODER EIN ZWEITER TORWART WIRFT DEN BALL ABWECHSELND HOCH ODER FLACH IN DIE ECKEN DES TORES. DER TORWART VERSUCHT IN STÄNDIGER BEWEGUNG DIE BÄLLE ABZUWEHREN.

DAS WIRD BENÖTIGT

1 TORWART, 1 SPIELER, BÄLLE

TRAININGSZIEL

SCHNELLE REAKTION UND REFLEX

ÜBUNGSDAUER

5 MINUTEN, DANN WECHSEL

TORWART AUCH MAL DURCHSCHNAUFEN LASSEN!

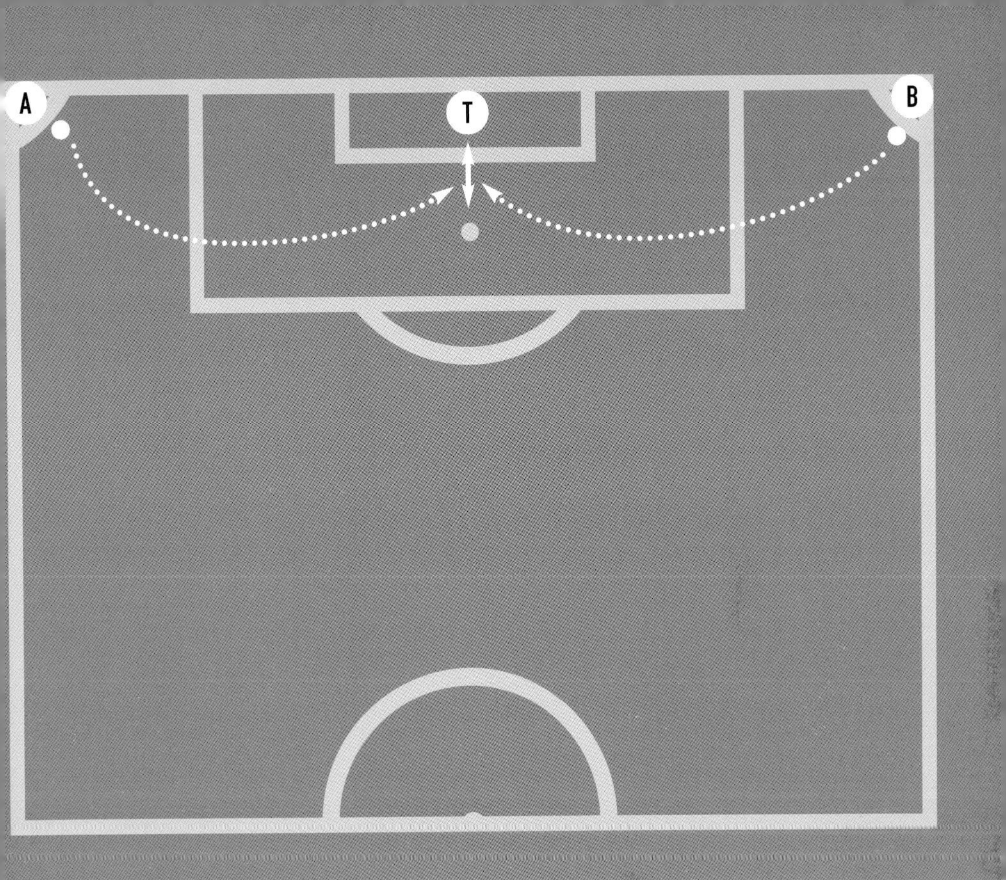

TORWARTTRAINING 78

SO LÄUFT'S

A UND B FLANKEN IN DIE MITTE DES STRAFRAUMS.
DORT VERSUCHT DER TORWART DEN BALL ZU FANGEN ODER ABZUWEHREN.

DAS WIRD BENÖTIGT

2 SPIELER, 1 TORWART, BÄLLE

TRAININGSZIEL

GUTE FLANKEN, SPRUNG, FAUSTABWEHR, SCHNELLER LAUF

ÜBUNGSDAUER

5 MINUTEN

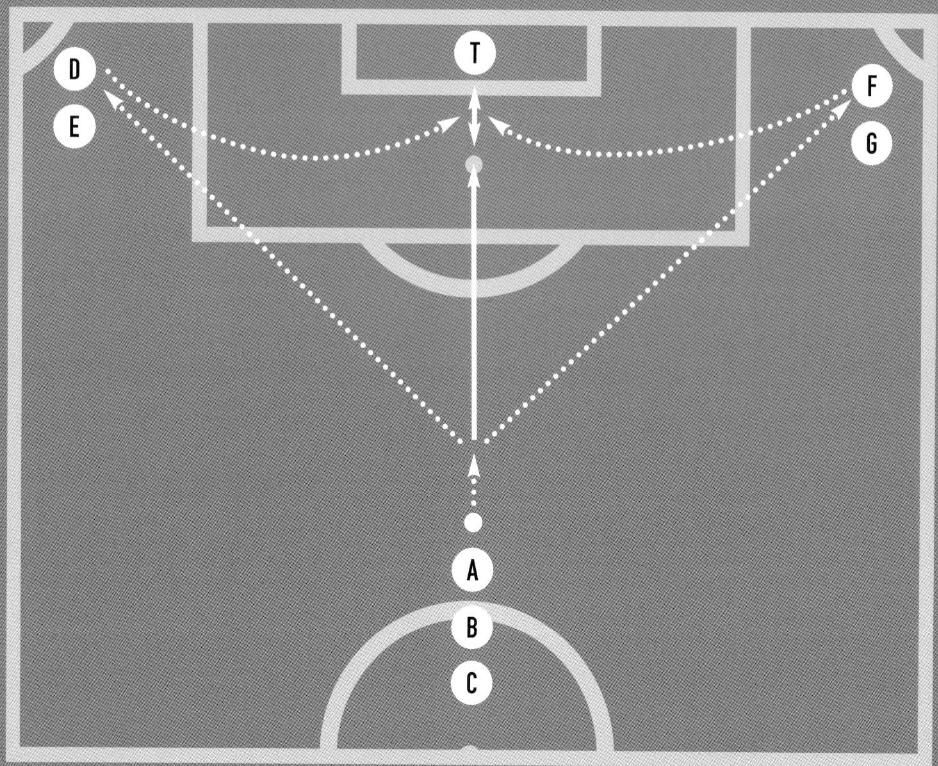

79 TORWARTTRAINING

SO LÄUFT'S

A SPIELT AUF D ODER F. DIESE FLANKEN NACH INNEN AUF DEN STÜRMENDEN A. DER TORWART VERSUCHT DEN BALL VOR A WEGZUFAUSTEN ODER ZU HALTEN.

DAS WIRD BENÖTIGT

1 TORWART, 3 SPIELER, 1 BALL

TRAININGSZIEL

TORWARTREAKTION, FAUSTEN, FLANKEN

ÜBUNGSDAUER

10 MINUTEN

WICHTIG!
GENAU FLANKEN!

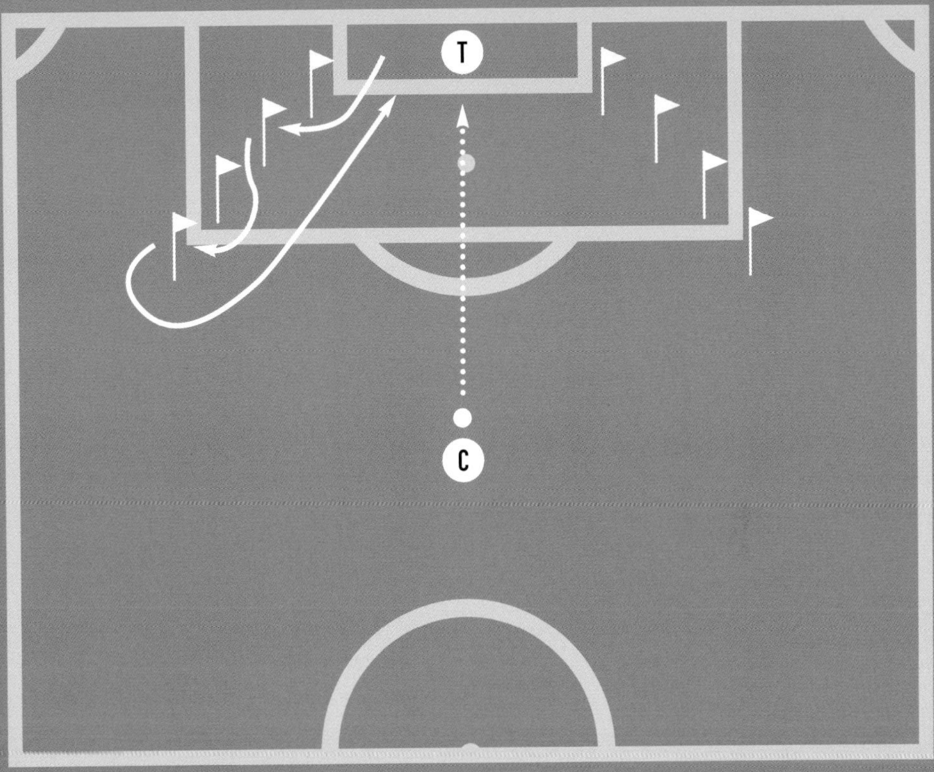

TORWARTTRAINING 80

SO LÄUFT'S

DER TORWART UMRUNDET DIE MARKIERUNGEN UND LÄUFT NACH DER LETZTEN IM RÜCKWÄRTSLAUF AN DIE TORLINIE UND ERHÄLT EINEN SCHUSS AUF DAS TOR. DAS GLEICHE VON DER ANDEREN SEITE.

DAS WIRD BENÖTIGT

1 SPIELER, 1 TORWART, 8 MARKIERUNGEN, 1 BALL

TRAININGSZIEL

KONDITION, RÜCKWÄRTSLAUF, SCHNELLE REAKTION

WICHTIG!
AUF BEWEGUNG DES TORWARTS ACHTEN!

ÜBUNGSDAUER

5 MINUTEN

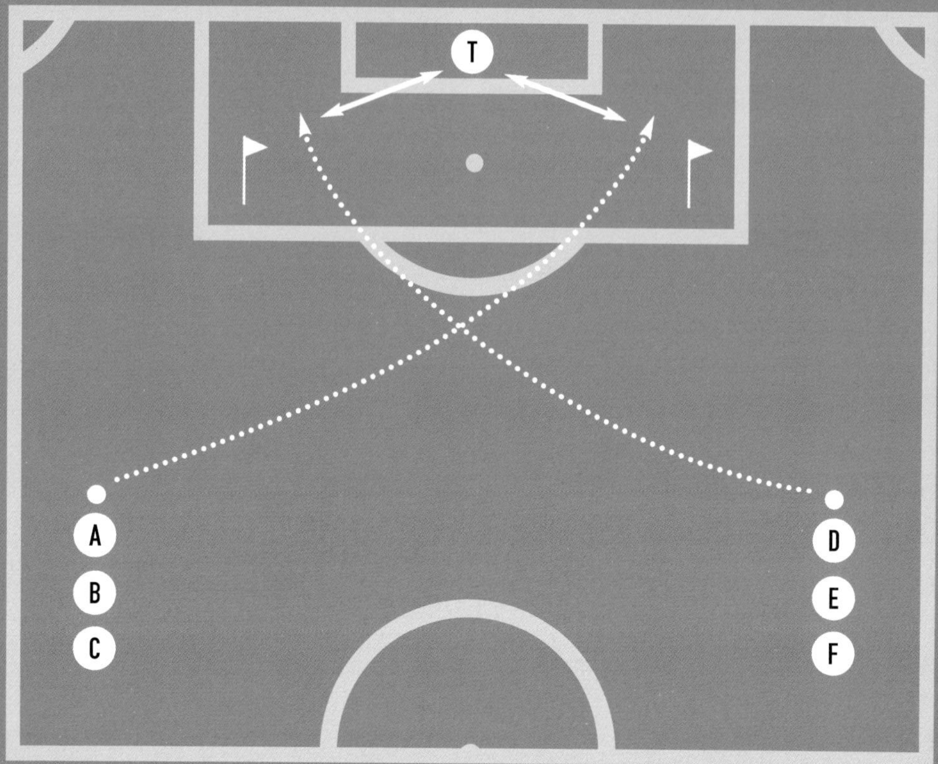

81 TORWARTTRAINING

SO LÄUFT'S

2 GRUPPEN FLANKEN VON LINKS UND RECHTS IN DEN STRAFRAUM. DER TORWART VERSUCHT DURCH SCHNELLES HINAUSLAUFEN DEN BALL ZU FAUSTEN ODER AUFZUNEHMEN.

DAS WIRD BENÖTIGT

1 TORWART, MEHRERE SPIELER MIT BÄLLEN

TRAININGSZIEL

TORWARTREAKTION, FAUSTEN, FLANKEN

ÜBUNGSDAUER

10 MINUTEN

SPIELER MIT STARKEM LINKEN FUSS FLANKEN VON RECHTS
SPIELER MIT STARKEM RECHTEN FUSS FLANKEN VON LINKS

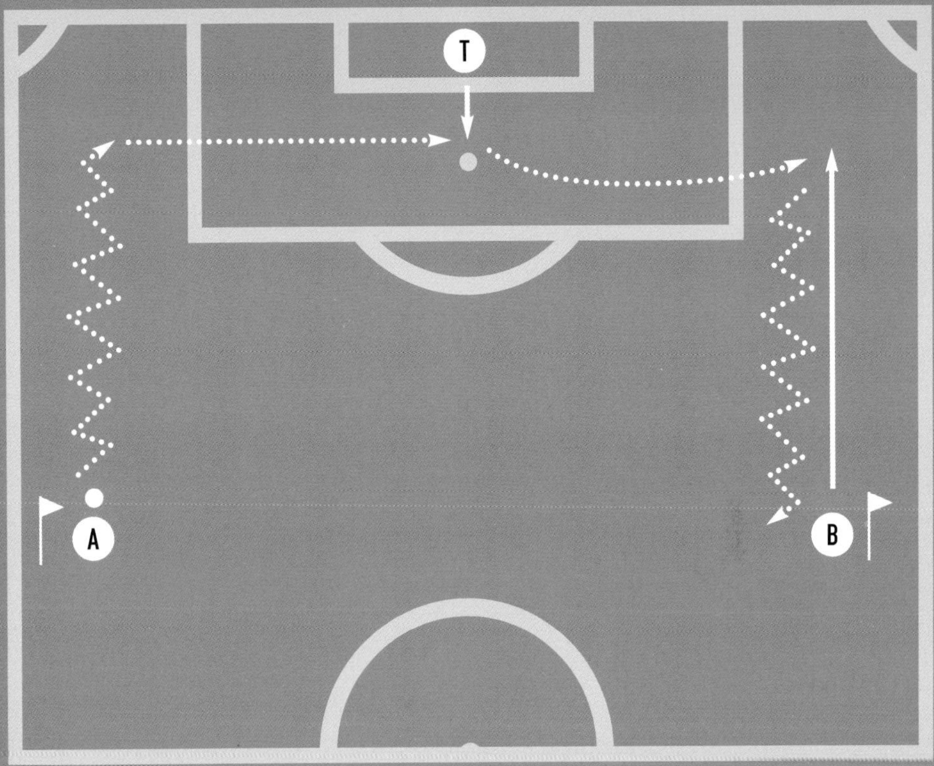

TORWARTTRAINING 82

SO LÄUFT'S

SPIELER A FÜHRT DEN BALL BIS AUF HÖHE DES STRAFRAUMS UND SPIELT STEIL AUF DEN TORWART. DIESER NIMMT DEN BALL SCHNELLSTMÖGLICH AUF UND WIRFT AUF B.

DAS WIRD BENÖTIGT

2 SPIELER, 1 TORWART, 2 MARKIERUNGEN, 1 BALL

TRAININGSZIEL

BALLAUFNAHME UND WEITERGABE PER WURF

ÜBUNGSDAUER

5 MINUTEN

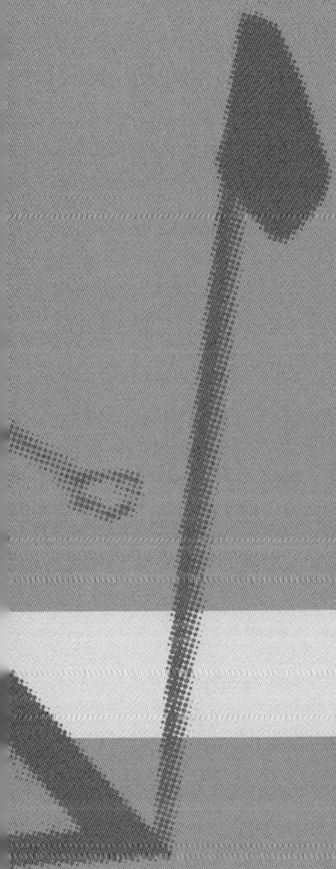

ECKBALLTRAINING

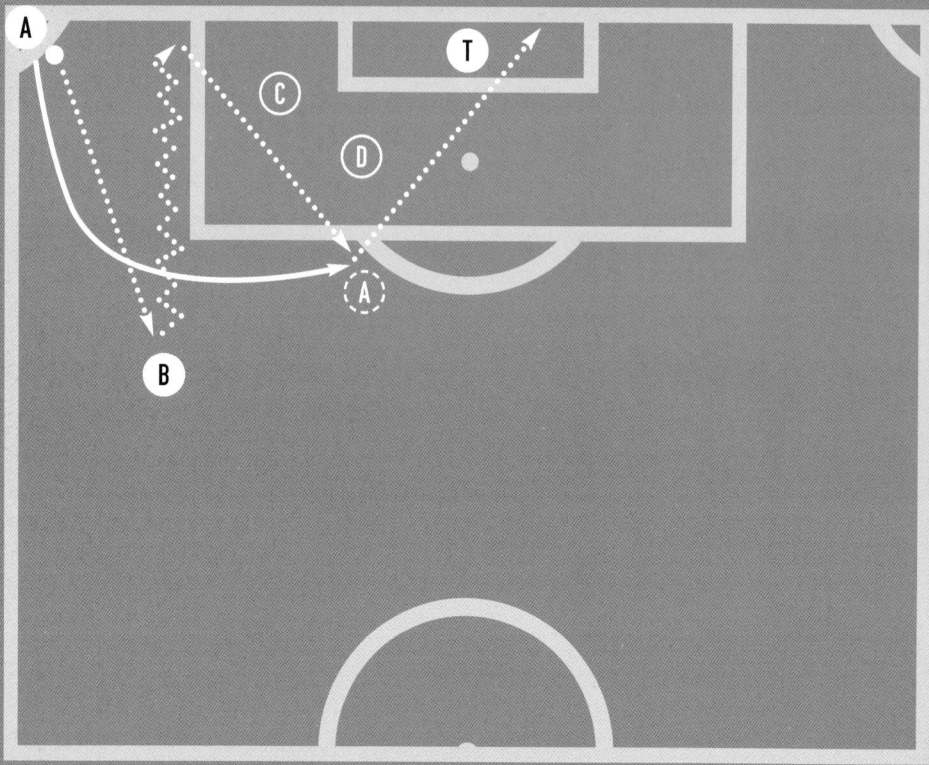

83 ECKBALLTRAINING

SO LÄUFT'S

ECKBALL VON A AUF B. DIESER LÄUFT GERADE BIS ZUR TORAUSLINIE UND PASST AUF A, WELCHER SICH AN DIE STRAFRAUMGRENZE BEGEBEN HAT. ES FOLGT EIN TORSCHUSS.

DAS WIRD BENÖTIGT

1 TORWART, 4 SPIELER, 1 BALL

TRAININGSZIEL

GUTES ZUSAMMENSPIEL, FREIRÄUME SCHAFFEN

ÜBUNGSDAUER

10 MINUTEN

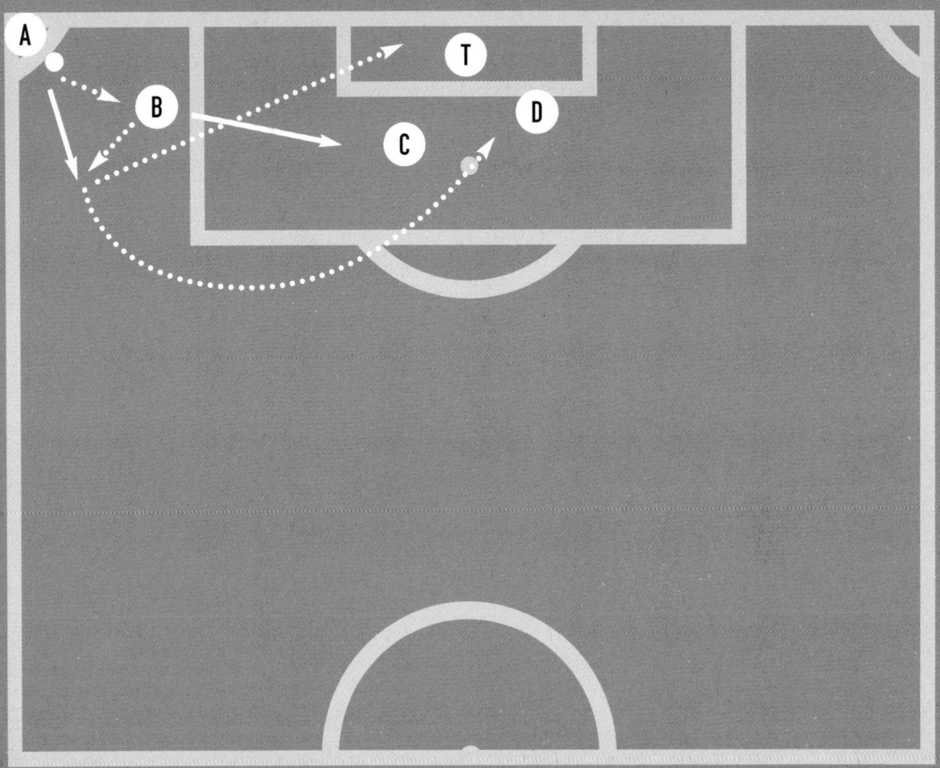

ECKBALLTRAINING 84

SO LÄUFT'S

KURZER ECKBALL. DOPPELPASS ZWISCHEN A UND B.
A BEENDET MIT TORSCHUSS ODER FLANKE AUF MITSPIELER.

DAS WIRD BENÖTIGT

4 SPIELER, 1 TORWART, 1 BALL

TRAININGSZIEL

GUTES ZUSAMMENSPIEL, FREIRÄUME SCHAFFEN,
SCHNELLE BEWEGUNG IM STRAFRAUM

ÜBUNGSDAUER

5 MINUTEN

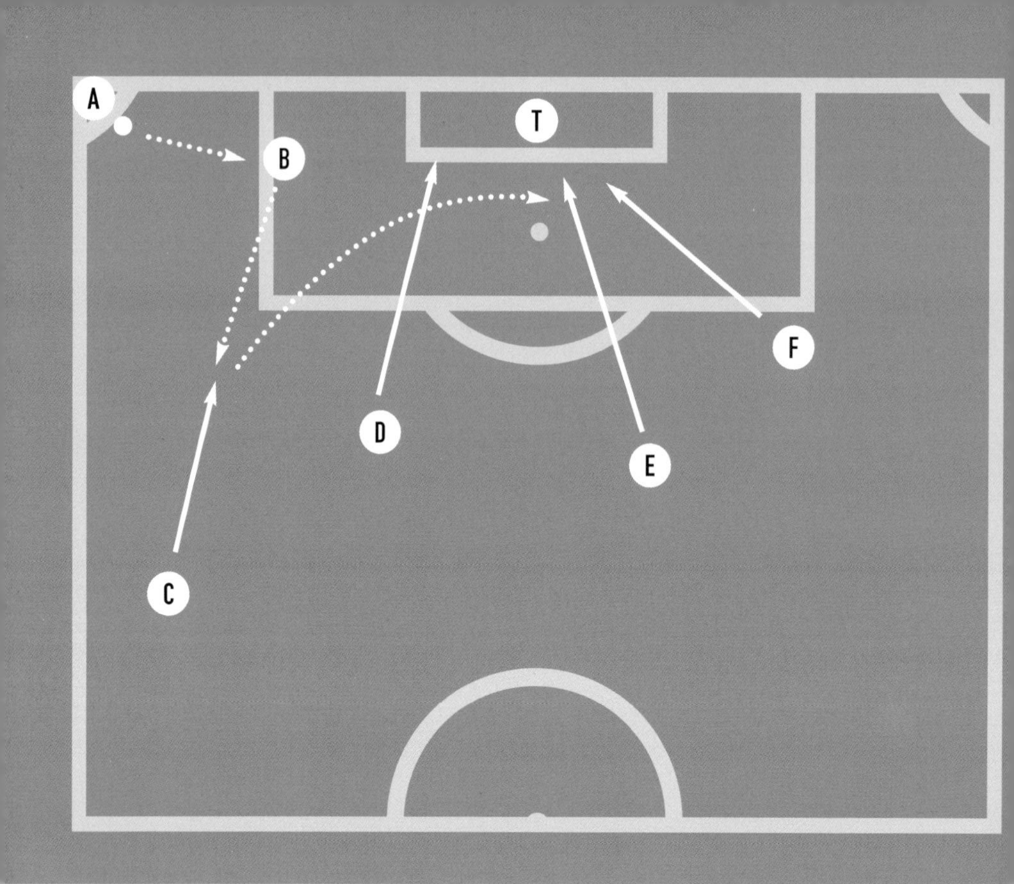

85 ECKBALLTRAINING

SO LÄUFT'S

ECKBALL VON A AUF B. DIESER SPIELT AUF DEN HERANNAHENDEN C, WELCHER IN DEN INNENRAUM FLANKT. DORT WARTEN DIE MITGELAUFENEN STÜRMER AUF DIE FLANKE.

DAS WIRD BENÖTIGT

1 TORWART, 4-6 SPIELER, 1 BALL

TRAININGSZIEL

GUTES ZUSAMMENSPIEL, EXAKTE FLANKEN, VIEL BEWEGUNG IM STRAFRAUM

ÜBUNGSDAUER

10 MINUTEN

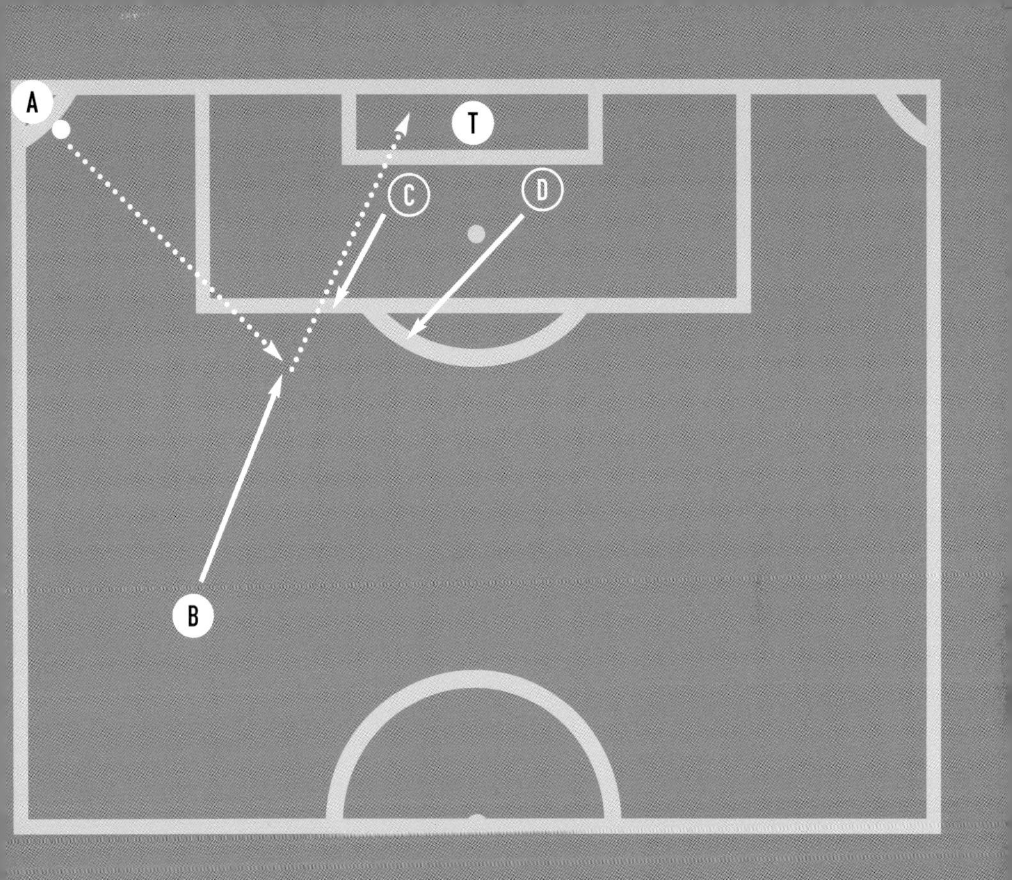

ECKBALLTRAINING 86

SO LÄUFT'S

ECKBALL MIT DIREKTSCHUSS. A PASST AUF HERANLAUFENDEN B, DIESER VERSUCHT DIREKT AUF DAS TOR ZU SCHIESSEN.

DAS WIRD BENÖTIGT

4 SPIELER, 1 TORWART, 1 BALL

TRAININGSZIEL

GUTER PASS, DIREKTER SCHUSS, SCHNELLER LAUF

ÜBUNGSDAUER

10 MINUTEN

FREISTOSSTRAINING

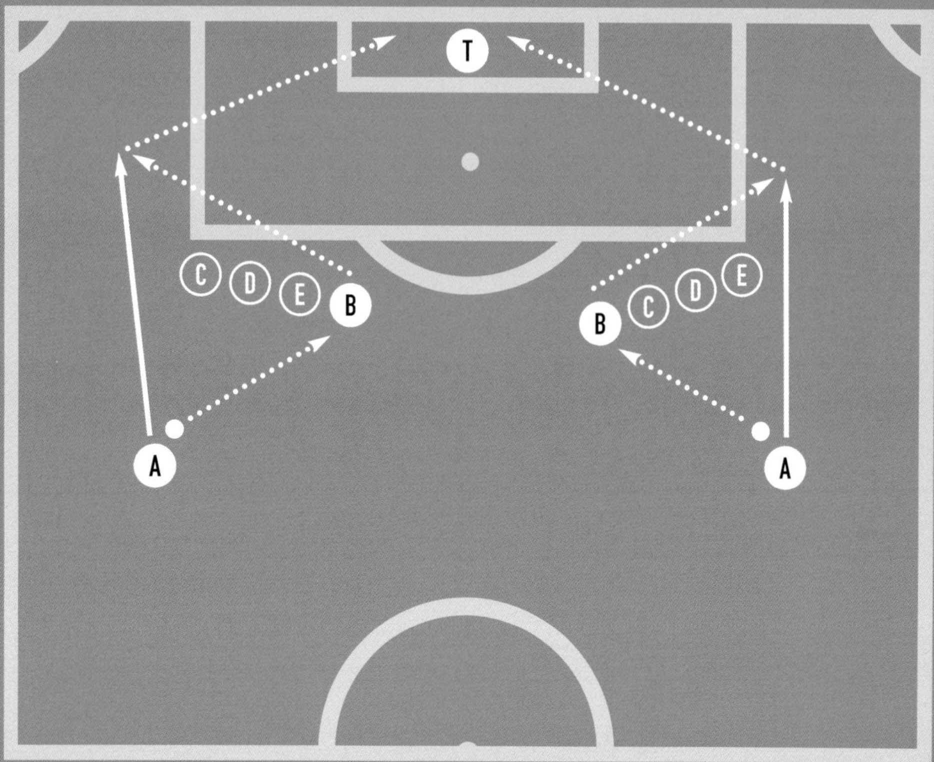

87 FREISTOSSTRAINING

SO LÄUFT'S

A SPIELT AUF B, DER SICH AUS DER MAUER HERAUSLÖST UND WEITER AN DEN FREILAUFENDEN A GIBT. ÜBUNG VON LINKS UND RECHTS UMSETZEN.

DAS WIRD BENÖTIGT

1 TORWART, 4-7 SPIELER, 1 BALL

TRAININGSZIEL

EINSTUDIEREN VON STANDARDSITUATIONEN, SPEZIELL FÜR LINKS- UND RECHTSFÜSSLER

ÜBUNGSDAUER

10 MINUTEN

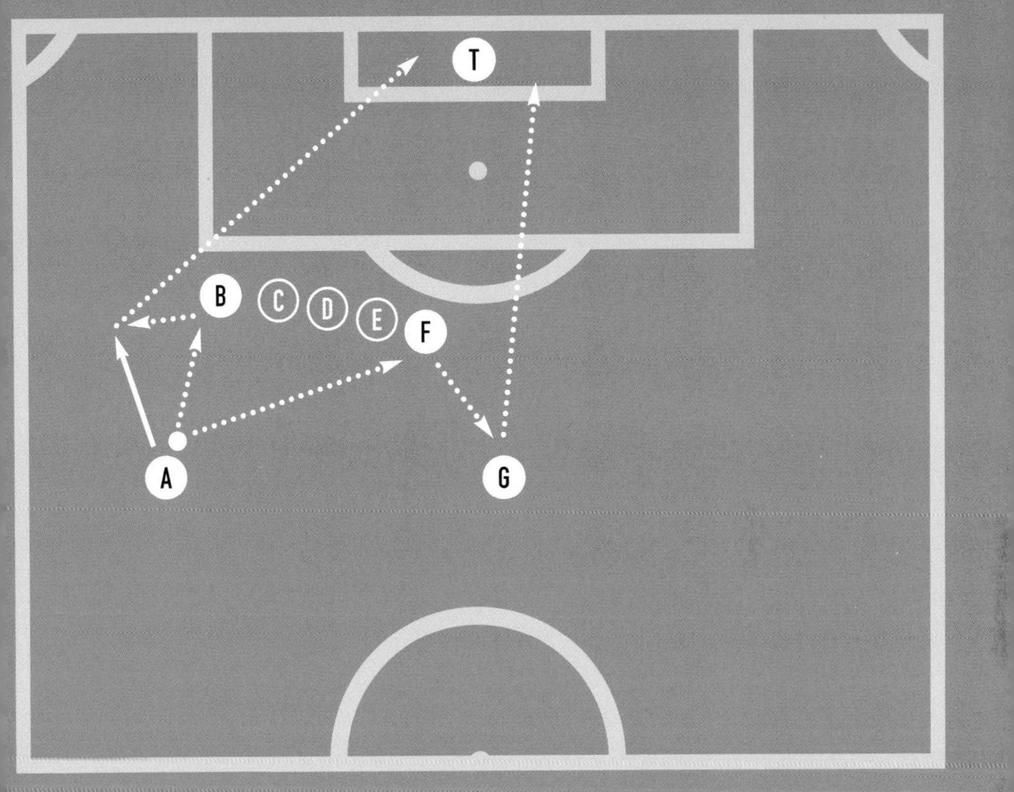

FREISTOSSTRAINING 88

SO LÄUFT'S

A SPIELT AUF MITSPIELER B ODER F IN DER MAUER.
2 VARIANTEN: ENTWEDER DOPPELPASS MIT B ODER ABSPIEL VON F AUF G MIT SCHUSS.

DAS WIRD BENÖTIGT

7 SPIELER, 1 TORWART, 1 BALL

TRAININGSZIEL

ÜBERLEGTE AUFSTELLUNG DER MAUER

ÜBUNGSDAUER

10 MINUTEN

MAUER – VOM PFOSTEN AUS GESEHEN – IMMER VON GROSS NACH KLEIN AUFSTELLEN

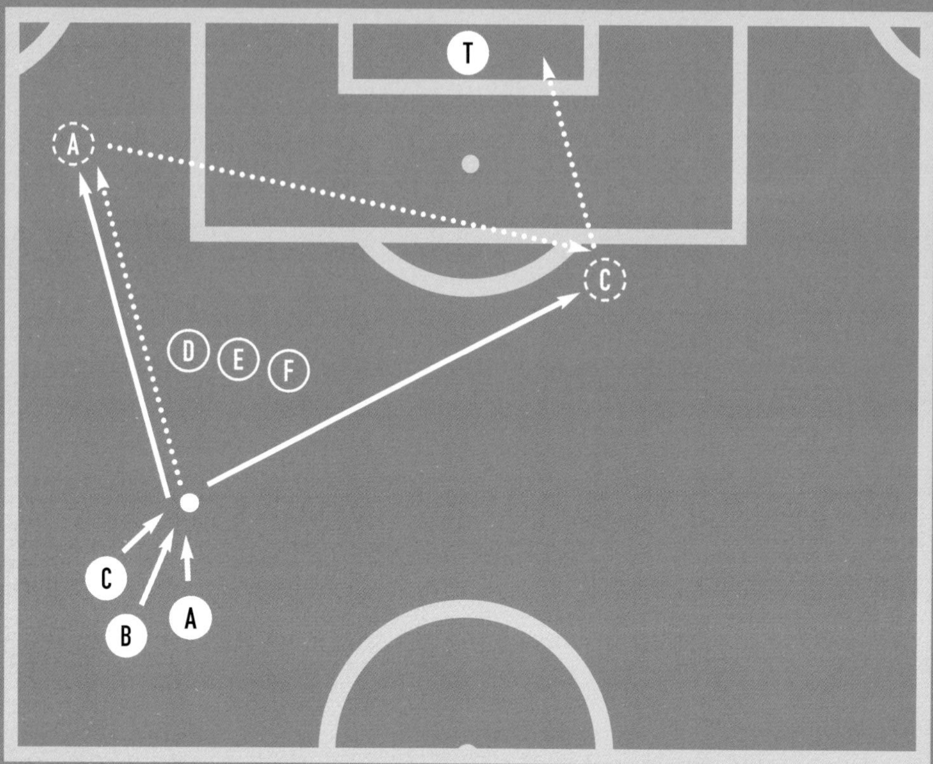

89 FREISTOSSTRAINING

SO LÄUFT'S

A UND C TÄUSCHEN EINEN SCHUSS AN, ÜBERLAUFEN DEN BALL UND SUCHEN DEN FREIEN RAUM. B SPIELT AUF A UND DIESER IN DEN INNENRAUM AUF C.

DAS WIRD BENÖTIGT

1 TORWART, 6–8 SPIELER, 1 BALL

TRAININGSZIEL

GUTES UND SCHNELLES ZUSAMMENSPIEL, KOMBINATION, SCHNELLER LAUF

ÜBUNGSDAUER

10 MINUTEN

RAFFINIERTE VARIANTE! SCHAFFT VERWIRRUNG BEIM GEGNER

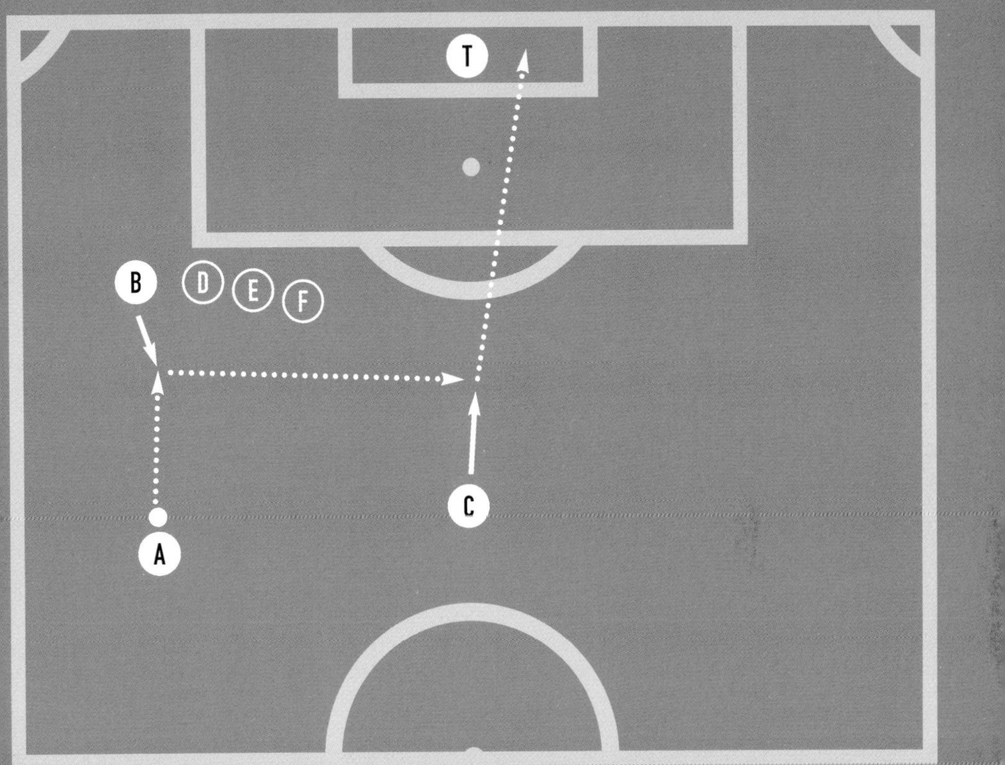

FREISTOSSTRAINING 90

SO LÄUFT'S

A PASST AUF B. DIESER SPIELT AUF C, WELCHER DANN DIREKT AUFS TOR SCHIESST.

DAS WIRD BENÖTIGT

5-7 SPIELER, 1 TORWART, 1 BALL

TRAININGSZIEL

MAUERSTELLUNG, TORWARTKOORDINATION, GENAUES ZUSPIEL

ÜBUNGSDAUER

10 MINUTEN

MAUER - VOM PFOSTEN AUS GESEHEN - IMMER VON GROSS NACH KLEIN AUFSTELLEN

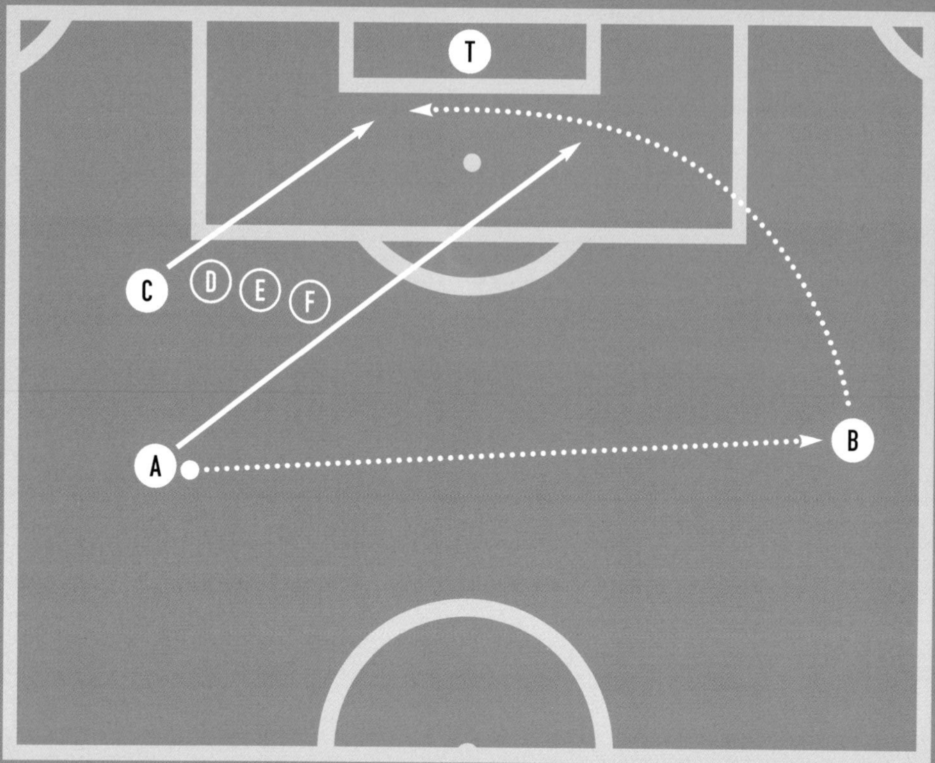

91 FREISTOSSTRAINING

SO LÄUFT'S

A SPIELT AUF B NACH AUSSEN. DIESER FLANKT HINTER DER MAUER AUF C. TORABSCHLUSS MIT KOPF ODER FUSS.

DAS WIRD BENÖTIGT

1 TORWART, 6–8 SPIELER, 1 BALL

TRAININGSZIEL

MAUERSTELLUNG, TORWARTKOORDINATION, GENAUES ZUSPIEL

ÜBUNGSDAUER

10 MINUTEN

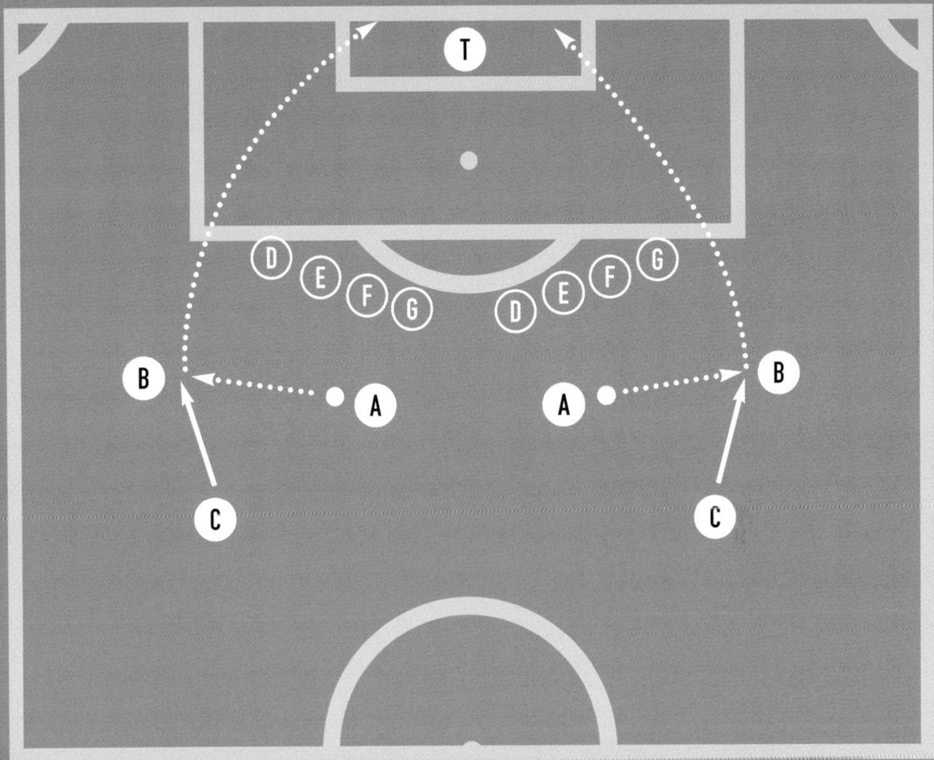

FREISTOSSTRAINING 92

SO LÄUFT'S

EINFACHE VARIANTE: A SPIELT KURZ AUF B. B STOPPT AB UND LEGT SO FÜR DEN TORSCHUSS VON C AUF.

DAS WIRD BENÖTIGT

5-7 SPIELER, 1 TORWART, 1 BALL

TRAININGSZIEL

MAUERSTELLUNG, TORWARTKOORDINATION, GENAUES ZUSPIEL

ÜBUNGSDAUER

10 MINUTEN

SPEZIELL FÜR GUTE SCHÜTZEN GEEIGNETE VARIANTE

SPIEL UND TAKTIK

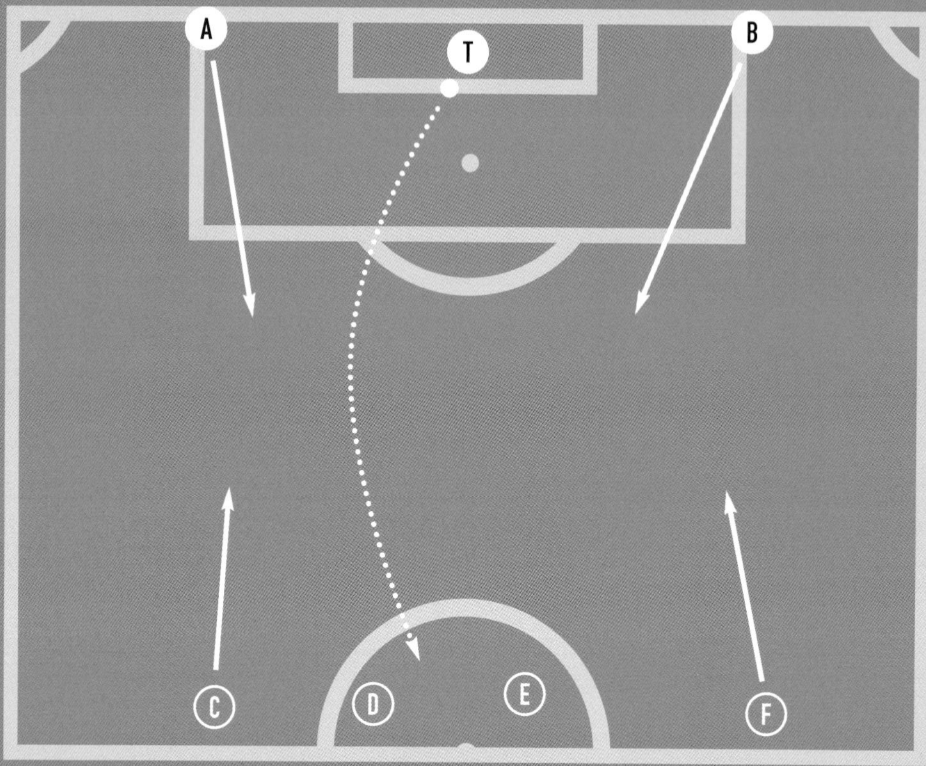

93 SPIEL UND TAKTIK

SO LÄUFT'S

TORWARTABSTOSS ZUR MITTELLINIE. DORT WARTEN 4 STÜRMER, DIE, NACH BALLANNAHME, EINEN ANGRIFF STARTEN. GLEICHZEITIG STARTEN 2 SPIELER VON DER TORLINIE, UM DEN ANGRIFF ABZUFANGEN.

DAS WIRD BENÖTIGT

1 TORWART, 6 SPIELER, 1 BALL

TRAININGSZIEL

GUTES UND SCHNELLES ZUSAMMENSPIEL, KOMBINATION, POSITIONSWECHSEL

ÜBUNGSDAUER

20 MINUTEN

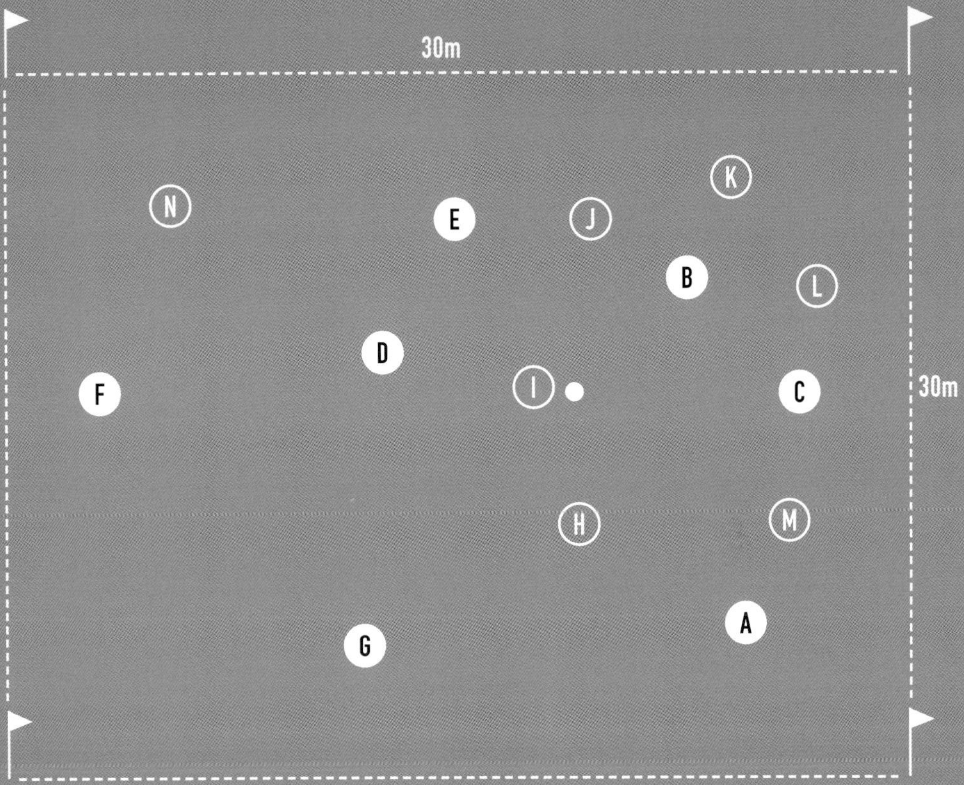

SPIEL UND TAKTIK 94

SO LÄUFT'S

SPIEL OHNE TORE UND TORWART. 2 TEAMS MIT JE 7 SPIELERN VERSUCHEN DEN BALL AN EINER DER VIER AUSSENLINIEN ZU SPIELEN UND AN DER LINIE ABZUSETZEN.

DAS WIRD BENÖTIGT

14 SPIELER, 4 MARKIERUNGEN, 1 BALL

TRAININGSZIEL

ZUSAMMENSPIEL, KOMBINATION, FREIRÄUME NUTZEN

ÜBUNGSDAUER

10 MINUTEN

ALS AUFWÄRMSPIEL SEHR GUT GEEIGNET

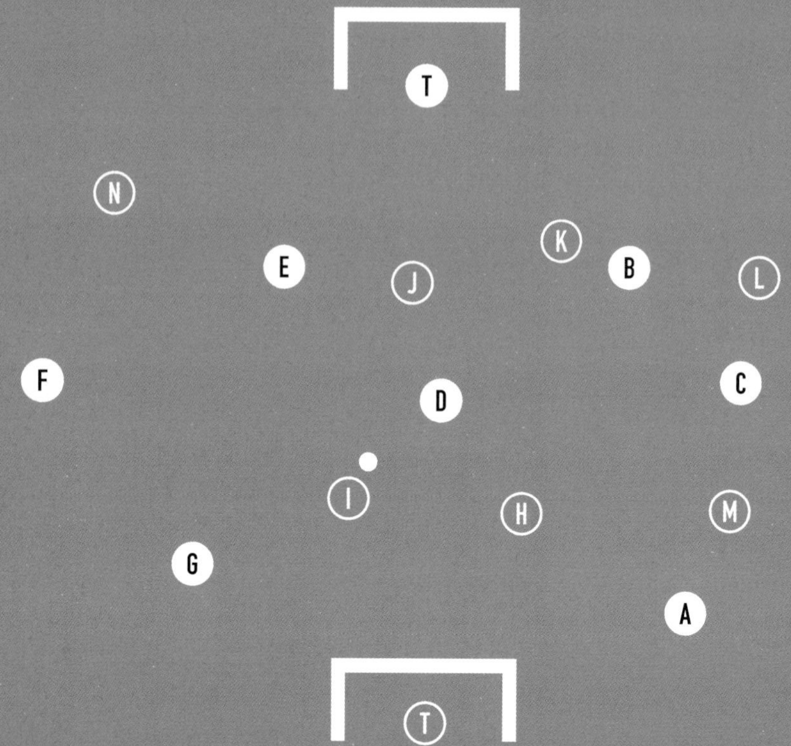

95 SPIEL UND TAKTIK

SO LÄUFT'S

KOMBINATION AUS FUSS- UND HANDBALL. 2 TEAMS MIT JE 7 SPIELERN. DER BALL DARF MAXIMAL 3 SCHRITTE WEIT MIT DER HAND GEFÜHRT WERDEN UND DARF NUR MIT DEM FUSS AUS DER LUFT GESPIELT WERDEN. TOR NUR DURCH VOLLEYSCHUSS ODER KOPFBALL.

DAS WIRD BENÖTIGT

14 SPIELER, 2 TORWARTE, 2 KLEINE TORE, 1 BALL

TRAININGSZIEL

KOMBINATION AUS HAND- UND FUSSTECHNIK

ALS AUFWÄRMSPIEL SEHR GUT GEEIGNET

ÜBUNGSDAUER

10 MINUTEN

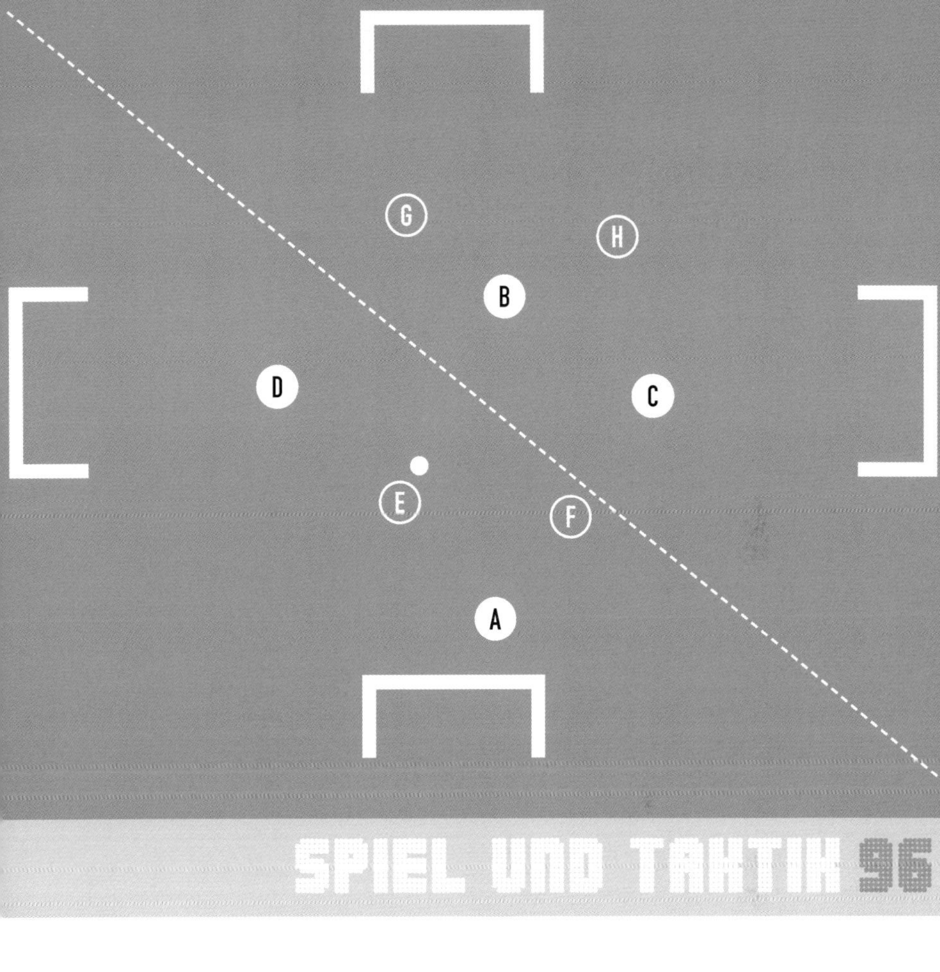

SPIEL UND TAKTIK 96

SO LÄUFT'S

SPIEL MIT 2 TEAMS MIT JE 4 SPIELERN.
2 TORE GEHÖREN JEWEILS EINEM TEAM.

DAS WIRD BENÖTIGT

8 SPIELER, 4 KLEINE TORE ODER MARKIERUNGEN ALS TORE, 1 BALL

TRAININGSZIEL

ZUSAMMENSPIEL, KOMBINATION, DRIBBLING, FREIRÄUME NUTZEN

ÜBUNGSDAUER

10 MINUTEN

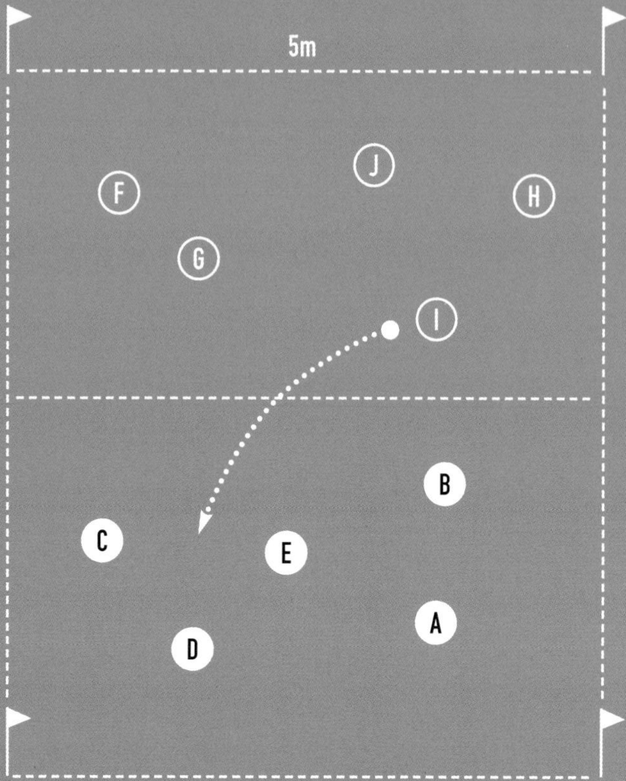

97 SPIEL UND TAKTIK

SO LÄUFT'S

FUSSBALLTENNIS. 2 MANNSCHAFTEN SPIELEN AUF 2 ABGETRENNTEN FELDERN GEGENEINANDER. DER BALL DARF DABEI NUR MIT KOPF ODER FUSS GESPIELT WERDEN UND DEN BODEN NUR EINMAL BERÜHREN.

DAS WIRD BENÖTIGT

10 SPIELER, 4 MARKIERUNGEN, 1 BALL

TRAININGSZIEL

ZUSAMMENSPIEL, GUTES KOPFBALLSPIEL, TECHNIK

ÜBUNGSDAUER

10 MINUTEN

ALS AUFWÄRMSPIEL SEHR GUT GEEIGNET

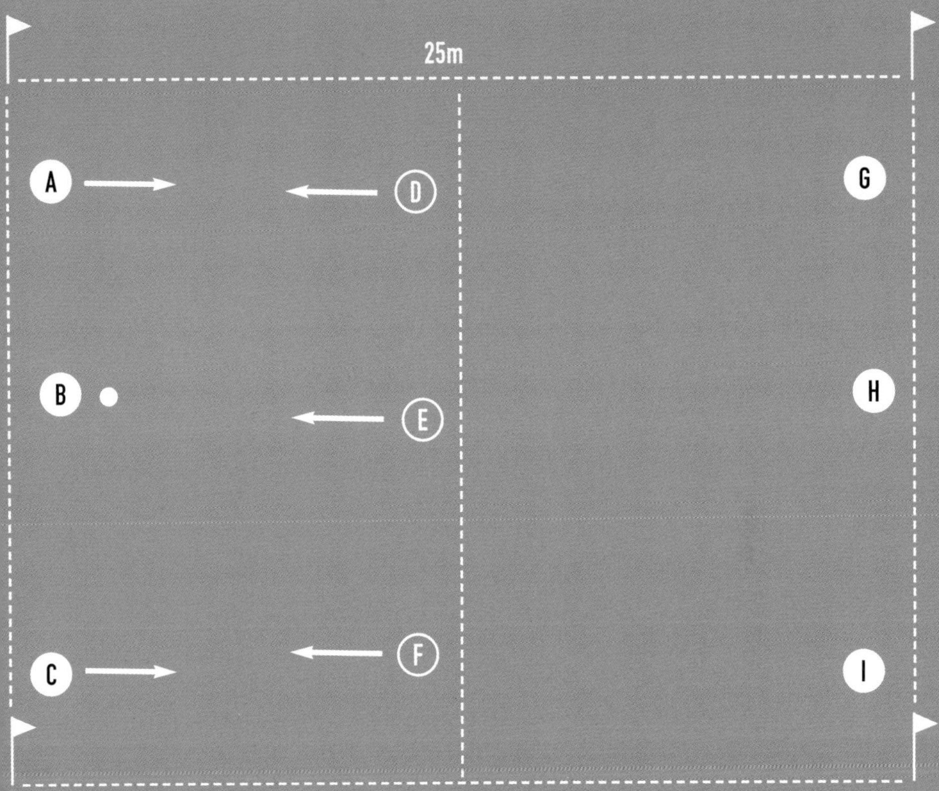

SPIEL UND TAKTIK 98

SO LÄUFT'S

3 TEAMS. TEAM 1 VERSUCHT SPIELERISCH AN TEAM 2 VORBEIZUKOMMEN. SOBALD DIE MITTELLINIE ÜBERSCHRITTEN WURDE, GREIFT TEAM 3 AN. ZIEL IST ES FÜR DIE ANGREIFENDE MANNSCHAFT, VON EINER SEITE ZUR ANDEREN ZU KOMMEN.

DAS WIRD BENÖTIGT

9 SPIELER, 4 MARKIERUNGEN, 1 BALL

TRAININGSZIEL

ZUSAMMENSPIEL, KOMBINATION, FREIRÄUME NUTZEN

GUTES ANGRIFFS- UND VERTEIDIGUNGSSPIEL

ÜBUNGSDAUER

10 MINUTEN

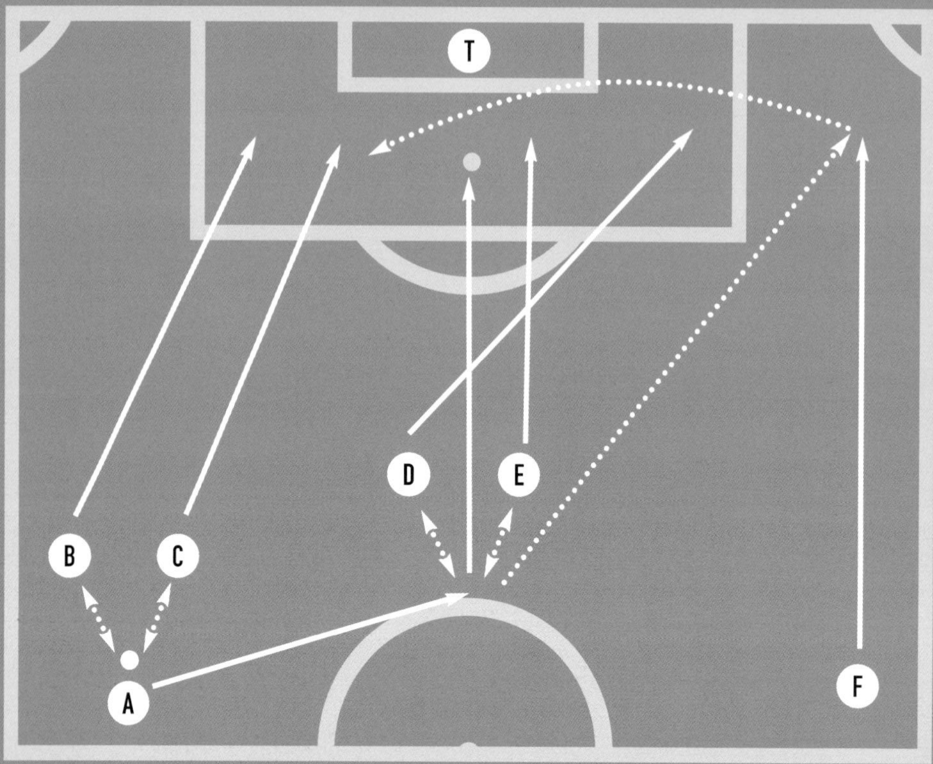

99 SPIEL UND TAKTIK

SO LÄUFT'S

SPIELER A SPIELT JEWEILS MIT 2 SPIELERPAAREN DOPPELPASS. DANACH FOLGT DER STEILPASS AUF F. DIESER FLANKT AUF A UND DIE MITGELAUFENEN TEAMKOLLEGEN.

DAS WIRD BENÖTIGT

6 SPIELER, 1 TORWART, 1 BALL

TRAININGSZIEL

PASSEN, KOMBINATION, STEILPASS

ÜBUNGSDAUER

10 MINUTEN

WICHTIG!
GUTES
ZUSAMMENSPIEL!

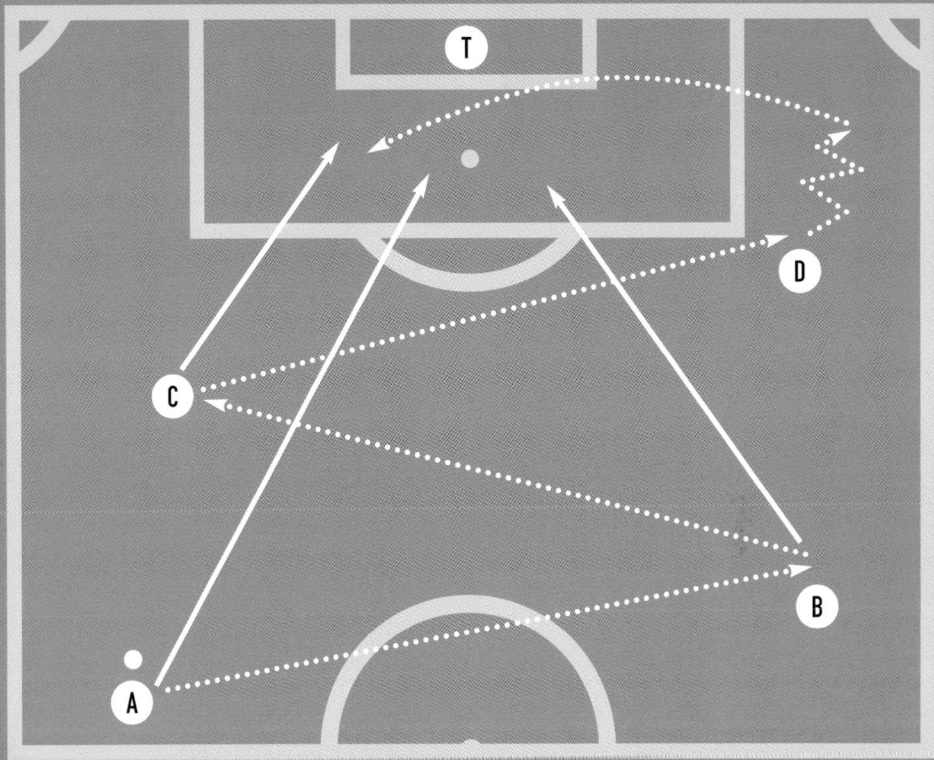

SPIEL UND TAKTIK 100

SO LÄUFT'S

A PASST AUF B, B AUF C UND C AUF D. DIESER FÜHRT DEN BALL NACH AUSSEN UND FLANKT AUF DIE IN DEN STRAFRAUM VORGERÜCKTEN SPIELER.

DAS WIRD BENÖTIGT

4 SPIELER, 1 TORWART, 1 BALL

TRAININGSZIEL

LAUF OHNE BALL, GENAUE PÄSSE

ÜBUNGSDAUER

10 MINUTEN

NACH DEM TRAINING

NACH DEM TRAINING

Um dem Körper einen geeigneten Ausklang nach einem intensiven Training zu bieten, ist es am besten die Fußballgruppe gemütlich auslaufen zu lassen. Dies kann langsam im Kollektiv, aber auch einzeln gestaltet werden. Einzelne Spieler können auch in individueller Bewegung über den Fußballplatz traben.

Als Trainer sollte man nach dem Training mit den Spielern über das Training sprechen. Wurden die Übungen richtig verstanden? Haben die Trainingseinheiten Gefallen und Anklang gefunden? Wo gab es Probleme und Schwächen? Welche Übungsarten und spezielle Lektionen sollten wiederholt werden? Nach dem Training ist es erforderlich, die durchgeführten Übungen zu analysieren und Fehler zu korrigieren, um das Erlernte später im Wettkampf realisieren zu können. Man sollte das zu Besprechende visualisieren, am besten an einer Tafel, um den Spielern taktische Regeln und Grundzüge zu erklären.

Steht die Mannschaft vor einem Spiel, sollte bereits im Training zuvor über Gegner, Taktik, Zustand der Mannschaft und die zu überbrückenden Schwächen gesprochen werden. Auf dem Spielfeld muss dieses Gespräch dann Früchte tragen. Eine perfekte Kommunikation zwischen Trainer und Spieler ist unverzichtbar – egal ob verbal oder durch Zeichen und Gesten. Denn nur eine Mannschaft, die miteinander kommunizieren kann, ist auch eine gute Mannschaft. Schwächen in diesem Bereich führen immer zu Problemen, in spielerischer und menschlicher Hinsicht. Der Trainer ist Vorbild und hat insbesondere im Jugendbereich eine wichtige pädagogische Funktion.

Für den Trainer ist es wichtig, auch sich selbst und den Erfolg des Trainings einzuschätzen. Es ist keine Schande, Übungen immer wieder zu wiederholen, wenn der Trainer hier Bedarf sieht. Dieses Buch bietet eine gute Basis, um die anskizzierten Übungen zu variieren und eigene Ideen und Übungen zu erschaffen. Gerade aus diesem Grunde habe ich versucht es dem Trainingsinteressierten so leicht wie möglich zu machen, die Übungen so anschaulich und simpel wie möglich zu gestalten, so dass wirklich ein jeder damit umgehen kann. Ich bin mir sicher, dass der eine oder andere überrascht sein wird, wie schnell sich so manche Übung umsetzen und die Mannschaft begeistern lässt. Das ist die Quelle für ein perfektes Training.

Ich wünsche allen viel Erfolg und hoffe, dass so manches Training mit Hilfe meines Buches großen Anklang bei Spielern und Trainern findet. Viel Erfolg!

Paul Glück,
Dezember 2007

Glück scheint ein Brucker Neuzugang einem weiteren Fußballclub im Nachbarlandkreis zu bringen: Für die Ehrenliga-Elf mit Spielern über der 50-Jahres-Grenze der SG Dachau tritt jetzt Paul Glück (Foto oben) gegen das Leder und avancierte bereits zur dominierenden Figur. Die Dachauer, die heute ihr 20jähriges Bestehen mit einem Spiel in Hebertshausen feiern, rangieren bei der Punktspielrunde unangefochten an der Tabellenspitze. Glück, zuletzt Trainer in Jesenwang, hatte sich nach Differenzen mit der AH des SC Fürstenfeldbruck von dem Kreisstadt-Verein getrennt.

Trotz ihres Alters: Die über 50jährigen Ehrenliga-Spieler strotzten vor Dynamik und Einsatzfreude. Fotos: Hartmann

Dynamischer TSV wirft den FC Bayern aus Oldie-Po…

AH-Fußball: Elferkrimi in Gernlinden – Nächster Gegner ist nun de…

Gernlinden (lo) – Mit einem 7:6-Sieg im Elfmeterschießen über den FC Bayern überstand die Ehrenliga des TSV Gernlinden am Montag abend vor heimischer Kulisse die erste Runde im Münchner Pokalwettbewerb. Nächster Gegner ist nun der ebenfalls schier übermächtige TSV 1860

An Spannung nicht zu überbieten und fast schon europacupreif war am Montag abend das erste Pokalspiel der Ehrenliga des TSV Gernlinden. Den über 50jährigen Alt-Technikern gelang dabei das Kunststück, die Asse des favorisierten FC Bayern schon in der ersten Münchner Runde aus dem Wettbewerb zu werfen. Nach TSV-Toren von Peter Spatz und einem Doppelschlag von Türkenfelds A-Klassen-Trainer Paul Glück hatten sich die Teams nach regulärer Spielzeit vor überraschend vielen Zuschauern mit einem 3:3 getrennt. Das Elferschießen mußte die Entscheidung bringen.

Und diesen Krimi prägte dann Gernlindens Torwart Gerhart Walter mit einer herausragenden Leistung. Nachdem Johann Glück… Siegfried Weichert … Franz Ziehfreund … Pflicht erfüllt hatten, a… cierte Manfred Schadl… dem allesentscheidende…

fer zum … letztlic… ern, d… Adi … Alt… ha…

„I…

bi…

Klar…

Dach… zersäg… men. … über … Dacha… der … Punk… belen… Baye… gen.

Ge… mit…

6:0-Sieg in Unterhaching

Dachau/Hebertshausen – Die Ehrenliga-Fußball-Mannschaft der Spielgruppe Dachau marschiert weiterhin auf Meisterkurs. Gegen die SpVgg Unterhaching gab es auswärts einen klaren 6:0-Sieg. Die Treffer für die über die gesamte Spielzeit hoch überlegenen Dachauer erzielten Manfred Kolbe (3), Günther Beck (2) und Rudi Hock. An allen Treffern als Spielmacher in der Vorbereitung beteiligt der überragende Paul Glück.

Bester Mann beim Gegner: …r Torhüter, der eine zwei…llige Niederlage seiner …nnschaft verhinderte.

…m kommenden Mont… …es für die SG… viel…

...nliga" zersagt
...g alle Gegner

...olg gegen den TSV München-Ost

...SG Dachau ...ie sie kom- ...n 6:0 Sieg ...estigten die ...tzenplatz in ...ga. Mit 10:2 ...G an der Ta- ...e Münchner ...zeit noch fol-

...-Ost, das nur ...getreten war

gab's nie Probleme. Für die SG Dachau trafen Günter Beck (3), Paul Glück, Georg Schickinger und Manfred Kolbe.

Am kommenden Montag spielt die SG Dachau gegen just diese Bayern. Allerdings geht es in dieser Partie nicht um Punkte, sondern um Pokalehren. In Hebertshausen steht ab 18.30 Uhr das Halbfinale um den Ehrenliga-Pokal auf dem Programm.

...ern die Führu... ...n Pausentee aus. ... ...n der zweiten Hälfte ...erdings spielte Ottob... ...wesentlich druckvoller ...neu 20 Minuten stellte ...Gastgeber auf 2:2. Di... ...einnahme dreier neue... ...ler stellte Eichenau ... Probleme, erst na... Ausgleich konnte ... steiger wieder L... Ordnung ins eig... bringen. Kurt Ne... lang in der 80. M... einem Konter de... belte, zwar glü...

...d ...te ...hen

...e um ... Der ...wartet ...ßt dann ...atz rech- ...nächtigen ... gezeigter ...n nicht mit ...berraschung ...g. Ein Termin ...en Pokalhit ist ...kannt.

Letz...
der ...

Ehrenligist SG Dachau besiegt Gartenstadt 3:0

Hebertshausen (red) – Die Fußball-Ehrenliga-Senioren der SG Dachau eilen weiter von Erfolg zu Erfolg. In einem sehenswerten Spiel besiegten die Mannen um den erneut überragenden Spielmacher Paul Glück die SG Gartenstadt Trudering überlegen mit 3:0 (2:0). Die Treffer für das Dachauer Team, das weiterhin punktgleich mit dem FC Bayern München die Tabelle anführt, erzielten Günter Beck (2) und Rudi Hock.

Am Montag, 19. Juli, bestreitet die SG Dachau das Auswärtsspiel bei der SG Markt Schwaben. Die Begegnung beginnt um 18.30 Uhr.

	(Trainer FC Aich)	3
Paul Glück	(Inhaber Metzgerei Rauch)	4
Stefan Rauch	(1. Vorstand d. SpVgg Wildenroth)	2 :
Ulrich Bergmann	(1. Vorstand d. FC Aich)	2 :
... Schallermayer	... Technischer	2 :

SG Dachau jubelt: „Doub...

FUSSBALL: Ehrenligateam gewinnt nach dem Meistertitel auch den Pokal

Dachau (red) – Die SG Dachau konnte sich im Endspiel um den Münchener Ehrenliga-Pokal gegen die SG München-West in Karlsfeld zwar nicht so souverän wie gewohnt durchsetzen, der Meister der Ehrenliga brauchte das Glück im Elfmeterschießen, um mit 10:9 als Sieger vom Platz zu gehen, aber der Erfolg war nicht unverdient. Vor allem die Mittelfeldspieler Paul Glück und Günther Beck konnten sich verletzungsbedingt nicht so in Szene setzen ... den ... wohnt ... Minut... fred K... zerru... führt... durch... Sepp ...

Di... diese... dabei ... nen, ... Meiste...

...man es von ihnen aus ...schaftsspielen ge- ...ndem mußte nach 5 ... Sturmspitze Man- ...wegen einer Muskel- ...scheiden. Trotzdem ...G nach 20 Minuten ... von Rudi Hock und ...mit 2:0.

...ünchen-West hatte in ...spiel alle ihre Stars ...ließ schon bald erken- ...ie ein 0:5 wie in der Meisterschaft diesmal nicht hinnehmen wollte. Durch ihr gekonntes Spiel bekamen sie immer mehr Vorteile und die sonst so sichere Abwehr um Sigi Meier mußte nach weiteren 20 Minuten den Ausgleich zum 2:2 hinnehmen. Bei diesem Ergebnis ... den die Seiten gewechselt ... Spielleiter Frisch war zu diese... Zeitpunkt nicht überzeugt, ... Spiel gewinnen zu können, ... Mannschaft kämpfte zwar, ... die verletzungsbedingten ... teile im spielerischen ...

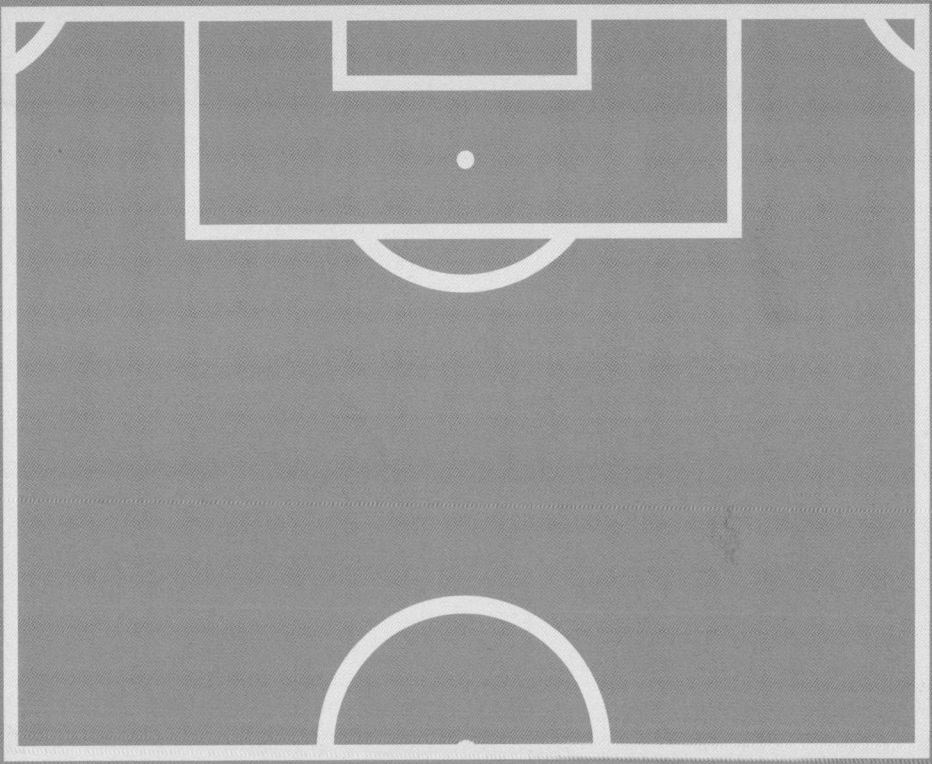

LEGENDE

- TORWART
- SPIELER
- GEGENSPIELER
- NEUE POSITION NACH LAUF
- BALL
- MARKIERUNG FAHNE ODER HÜTCHEN
- PASS
- DOPPELPASS
- LAUFRICHTUNG
- FLANKE/WURF
- DRIBBLING BALLFÜHRUNG

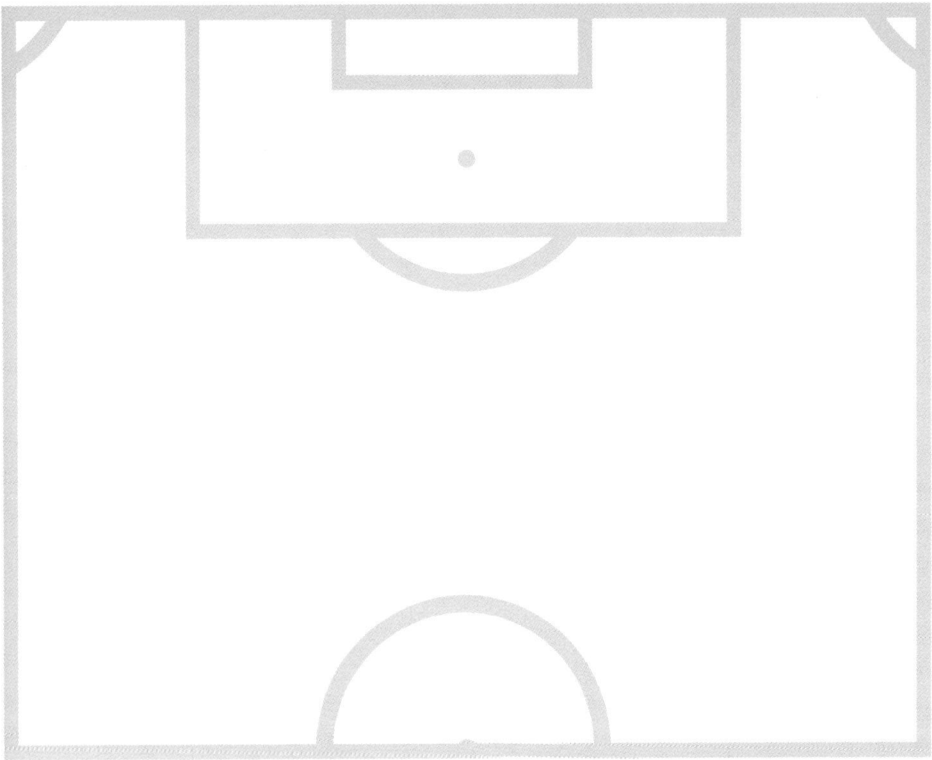

WWW.PAULGLUECK.DE